EL ESPÍA QUE SÍ FUI

E. LARBY

Autor: E. Larby
Diseño de cubierta: E. Larby
ISBN:9789403756769
© E. Larby
Año: 2024
Editoriales: Bookmundo, Ingramsparks
Web: publish.mibestseller.es/elarby
e-mail: e_larby@hotmail.com

EL ESPIA QUE SÍ FUI

DEDICATORIA

A mi esposa por su infatigable apoyo y estímulo
A mis nietos Alexander, Mikaela y Roy que sois los faros que guiais mi singladura.

NOTA DEL AUTOR

Mi empresa me había enviado a Pakistán como consultor de un cliente que estaba construyendo una fábrica de cemento, en Jauharabad en el distrito de Sargodha en el Punyab pakistaní

Sería para una estadía de seis meses que por unas u otras circunstancias se convirtieron en cuatro años y medio.

Pasé de consultor a responsable de la construcción, luego a Jefe de puesta en marcha de la instalación y posteriormente a dirigirla como GM (Director General).

La vida en ese ambiente no era demasiado placentera pero si motivadora, el reto de ver progresar los trabajos de construcción, el arranque de las instalaciones y luego salir las primeras toneladas de producto.

Cuando las ensacadoras escupieron los primeros sacos de cemento, agarré uno y me fui al despacho del presidente de la empresa y le dije: «Míster Khan, su fábrica ya está produciendo» y recalqué lo de «su fábrica» porque realmente era así.

Observé cómo se le humedecían los ojos, me dijo: -Mr. Emilio, ¿usted que quiere?-

-Nada, yo he hecho mi trabajo-

-¿Qué tal un Rolex-

Parecía haber adivinado que un Rolex había sido siempre un objeto de deseo mío.

Esta conversación tuvo lugar el 24 de Octubre de 1994.

No es que me hubiera olvidado del tema, lo había aparcado, entre otras cosas porque lo conocía y sabía que era un embaucador, pero en diciembre de ese mismo año, nos reunimos en Lahore y allí muy ceremoniosamente me hizo entrega de un precioso Rolex Cellini con 72 diamantes incrustados alrededor de la esfera

A lo largo de esos cuatro años y de trasegar varias botellas de Chivas 18 se había establecido entre nosotros, no diré que amistad, pero si una especie de entendimiento y respeto, yo le admiraba y el me apreciaba y respetaba.

Por sus gestos delicados y su extremada cortesía yo le apodé «el elegante».

Una tarde noche, en una de las innumerables veladas nocturnas que disfruté con él, era muy «parlanchín» y muy buen comunicador, en las que el Chivas 18 corría con profusión y nos hacíamos algunas confidencias estábamos en el jardín de la residencia que habíamos construido cerca de la fábrica, me abrió su corazón.

La verdad es que el lugar se prestaba a ello, un jardín en tres niveles con la longitud, cada uno de ellos, de más de un campo de fútbol y todo ello adornado con 1 000 rosales, con el sol poniéndose lentamente en el horizonte, las montañas de caliza se tornaban rojizas con los últimos rayos del poniente sol, el aire empezaba a enfriarse y el estar sentado allí, sin ruidos, salvo el lejano zumbido de las máquinas de la fábrica, invitaba a la paz y al sosiego.

Yo observaba al «Elegante» y le veía triste, alejado, decaído. Para animarle le dije: «Mr. Khan ¿porque está usted triste?, mire usted para la fábrica, eso lo ha hecho posible usted, es su obra, tiene que estar orgulloso».

Lentamente se volvió hacia mí, con sus grandes ojos destacando en la oscuridad de su negruzca cara y me dijo: «Mr. Emilio, un día mi jefe me dijo, toma 100 000 dólares y monta una fábrica de cemento. Las empresas del grupo estaban todas en quiebra y teníamos prohibida la salida del país», y tomando un respiro añadió: «y a partir de ahí todo de farol».

Había conseguido que el Banco Asiático de Desarrollo, que solo concede préstamos a instituciones estatales, le concediera uno, involucró a distintas entidades financieros y pagó los honorarios de los suministradores de tecnología y equipos con acciones de la empresa.

Como un mago había estado sacando palomas y conejos de su particular chistera hasta hacer que 100 000 dólares se convirtieran en un proyecto de 100 millones de dólares.

LA EXPULSIÓN

Yo había convencido a mi entonces novia, tártara de nacimiento y ciudadanía rusa, después mi esposa, a que se uniera a mí.

Un inciso para narrar un detalle de porqué apodaba a Mr. Khan «El Elegante».

Una noche habíamos invitado a cenar a Mr. Khan y como era tradicional yo tenía dos botellas de Chivas 18 reservadas para sus visitas, cuando ella le sirvió el wiski él con la mejor de sus sonrisas la dijo: «Sra. Emilio, estos vasos no son de wiski» a lo que mi esposa respondió: «Lo sé Mr. Khan, pero en este pueblo no los he encontrado». «Yo le traeré unos», respondió Mr. Khan

Dos meses después apareció con seis preciosos vasos de cristal de Bohemia que se había tomado la molestia de comprar en Londres.

Después de dos años en el país cuando tuvimos que renovar el permiso de residencia este nos fue denegado, en realidad le era denegado a ella.

Aunque removí Roma con Santiago no conseguí la renovación por lo que hubo de abandonar el país.

A partir de aquí empezó para mí una odisea. Me amenazaron de muerte y tenía que ir con guardaespaldas armado con una metralleta y cambiar de ruta cada día, me pincharon el teléfono y me seguían los esbirros del ISI a todas partes. Me había convertido en sospechoso de espiar para los rusos.

Cuando llegó la fecha de renovar mi permiso de residencia este me fue denegado, me concedieron una prórroga.

El presidente de la compañía, Mr. Khan tomó las riendas del problema y personalmente se involucró en ello, contactó con el ministro del interior e intercedió, sus esfuerzos fueron en vano, Había alguien, nunca llegué ,o llegamos, a averiguar quien tenía interés en que yo abandonara el país.

La tensión llegó a ser tan insoportable que afloró el herpes del estrés o virus Zóster, me tuve que medicar.

Un día cansado, hastiado y harto, decidí que hasta aquí habíamos llegado, que aunque a nivel profesional me era muy gratificante y estimulante mi permanencia en el país, no me compensaba el estrés, la inseguridad y el acoso y derribo al que estaba siendo sometido.

Ese día llegué a la fábrica, telefoneé al presidente y le presenté mi dimisión, Mr. Khan me prometió que haría el último esfuerzo y que volvería a hablar con el ministro del interior.

Aun sabiendo que tenía el teléfono pinchado no dudé en decirle: «Míster Khan se lo agradezco, pero ese hijo de puta no va a hacer nada, ¡olvídelo! Y muchas gracias».

Dos horas después de esta conversación me entregaron una orden de expulsión, con carácter inmediato, tenía unas horas para recoger mis bártulos y largarme.

Ahora más de veinticinco años después rememorando esta etapa de mi vida, me vino a la mente una idea, una especie de sibilina venganza ante esa falaz acusación y de ella ha nacido esta ficción, y de ahí el título de «El espía que SÏ fui»

VIRUS ZÓSTER

En una revista médica lo definen así:

La exposición a largos periodos de estrés intenso puede debilitar nuestro sistema inmunológico haciendo que seamos más vulnerables ante ciertos virus como el herpes Zóster. Este virus es causado por otro virus conocido como Virus Varicela Zóster (VVZ), que es el virus responsable de la varicela infantil.

Cuando nos enfrentamos al virus, generalmente de pequeños, este queda en nuestro cuerpo como un remanente debilitado del mismo para el resto de nuestras vidas. De este modo, cuando nuestro sistema inmunológico decae, el virus se reactiva haciendo que aparezcan los herpes, el cual al contrario que la varicela, es muy poco contagioso.

Las consecuencias que el estrés puede generar son del todo perjudiciales, tanto para el cuerpo como para el sistema inmunológico. Afecciones dermatológicas como la urticaria, la alopecia, el acné o el herpes, encuentran su detonante en aquellos momentos en los que nos encontramos frente a largos periodos de estrés o estrés crónico.

ÍNDICE

I   EL CEPO 1

II   EL CHANTAJE 47

III   LA ESTRATEGIA 107

IV   LA CONEXIÓN INDO-ISRAELÍ 129

V   DESAPARECIDO 151

VI   LAS MALDIVAS 183

I EL CEPO

Me llamo Juan José Echevarrieta y tengo 52 años, me crie en un remoto caserío de la bellísima orografía de las Vascongadas, en los escasos ratos libres que las tareas agrícolas les dejaban, principalmente al atardecer después de haber ordeñado las vacas y cenado, mis padres me enseñaban a leer y escribir, desarrollé una gran afición por la lectura, lo que me ha ayudado muchísimo a lo largo de mis muchos años de soledad, cuando cumplí 14 años, mis padres debieron ver algo en mí, y decidieron enviarme a casa de una hermana de mi madre en el pueblecito de Alsasua para que pudiera asistir a un colegio, hice el bachiller y la formación profesional, me especialicé en mecánica. Me gustaba tanto estudiar que mientras trabajaba en un taller mecánico estudié ingeniería industrial y encontré un trabajo en Madrid en una empresa de ingeniería que pertenecía a un importante grupo cementero, y sin saberlo ni proponérmelo me convertí en uno de los mayores expertos mundiales en la construcción y dirección de plantas productoras de cemento.

De una u otra manera he estado involucrado en la construcción y puesta en marcha de 14 plantas productoras en 12 países.

Me habían destinado a Pakistán como asesor de un cliente que estaba construyendo una planta de producción de cemento en Pakistán, estando allí tuve un rifirrafe con mis jefes españoles y decidí buscar otro empleo, cuando se le comenté al cliente este me ofreció quedarme con ellos.

Llevaba algo más de dos años trabajando como Director General de la planta que estaba situada en un remoto lugar llamado Chenki situado en las estribaciones de una cadena montañosa de rocas calizas.

La factoría y su área residencial estaban situadas en «casa Dios», es decir en «medio de la nada», el pueblo más cercano era Juaharabad y aunque estaba solo a 33 kilómetros las dos vías de acceso eran tan dificultosas que se tardaba entre 45 minutos y una hora en el recorrido. Y como además el poblacho no tenía nada de especial no merecía la pena desplazarse hasta allí.

Había acordado con mi patrón que, dado el aislamiento del lugar, tendría cada dos semanas, unos días de descanso, a gastos pagados por la empresa, bien en Lahore[2] o en Islamabad[3]

La primera había dejado de ser la París de Oriente, pero aún conservaba el encanto de una ciudad especial, la visita al Shalamar Gardens con sus terrazas en tres niveles, las Hayat Baksh, Faiz Baksh y Farah Baksh. y sus fuentes de mármol blanco dejando discurrir sus cantarinas aguas eran un remanso de paz y tranquilidad, aquel ambiente me relajaba. También visitaba el fuerte Shahi Qila, paseaba por sus jardines y visitaba algunos de sus innumerables palacios.

El resto del tiempo lo pasaba en la piscina del hotel Avari, mi preferido, donde al atardecer de los viernes y en una sala reservada solo para extranjeros, el director del hotel nos agasajaba con un wiski party.

Como no soy amante de las mezquitas, museos o mercados no visitaba ninguno de estos turísticos sitios. Y como tampoco soy de los que disfrutan de la comida, no tenía demasiado interés en visitar los afamados restaurantes de la ciudad. Era un fin de semana bastante rutinario y anodino, pero así era la vida y así había que tomarla. Aun así la estancia en una ciudad tan acogedora me permitía desconectar de los cotidianos problemas y del estrés del trabajo.

Además había dos motivos por los que a menudo me inclinaba por Lahore.

Uno era el matrimonio Siddiqui, Javed Siddiqui era un pakistaní nacido y educado en Londres donde había conocido a la española Mercedes con la que se había casado. Cuando el padre de Siddiqui murió, Javed tuvo que dejar Inglaterra y trasladarse a Lahore para desde allí cuidar de las extensas propiedades que su familia poseía en Jauharabad, allí en una reunión de los industriales del pequeño pueblo fue donde conocí a Javed, se dirigió a mi en un español cuasi perfecto y comenzó una franca y bonita amistad.

Javed había estudiado periodismo en la acreditada London Metroplitan University. Colaboraba con varios periódicos ingleses e incluso llegó a escribir algunos artículos para la televisión española y algún periódico patrio. Se convirtió en un especialista en el tema de los talibanes y escribió varios libros sobre este singular mundo. Se encontraba en Afganistán cuando los talibanes entraron victoriosos en Kabul y se inició un largo y negro periodo en la historia de ese atormentado país.

Los Siddiqui me llevaron a conocer a un matrimonio que tenía una finca dedicada a la cría y entrenamiento de caballos de polo, la finca tenía la peculiaridad de que su límite lindaba con la valla metálica de la frontera con India.

Fue este matrimonio el que me recomendó asistir a la ceremonia de arriado de la bandera y cierre nocturno del único paso fronterizo entre Pakistán y la India.

En 1947 cuando el burócrata Radcliffe trazó la línea divisoria, que partía a la India en tres y la despojaba de una parte importante de su territorio, para crear lo que se conoció como Pakistán, el pueblo de Wagah quedó partido en dos. Este paso fronterizo conecta la ciudad india de Amritsar y la pakistaní de Lahore.

Todos los días, a la puesta del sol, se celebra, por ambas partes, una solemne ceremonia de arriado de sus respectivas banderas y el cierre del paso fronterizo.

Tuve que luchar duro para encontrar el sitio adecuado para poder presenciar la solemne ceremonia, los asistentes eran multitud.

Los intérpretes se movían con unos majestuosos movimientos que se asemejaban mucho a los que se producen en el cambio de la Guardia Real en Londres.

Pero lo que me pareció más interesante y significativo fue la dignidad con que cada parte ignoraba a la otra. Cada uno estaba en su particular mundo y el otro parecía no existir.

Así como Lahore me parecía una ciudad agradable y acogedora, Islamabad me parecía una ciudad fría, impersonal y anodina, que parecía deshabitada un contraste con la vecina Rawalpindi, llena de vida, bullicio y color. No es que me gustara el bullicio, el jaleo y las muchedumbres pero se veía vida, humanidad, es una ciudad con alma. Islamabad era una ciudad con carencia de esta intangible parte espiritual e inmortal de la persona humana y que según la Biblia le otorga la capacidad de entender, querer y sentir. Supongo que si lo dice el libro sagrado así será, yo ni lo sé ni lo creo.

Pero Islamabad al ser la capital de la nación tenía algunas ventajas que las demás no tienen, sede de las Embajadas de los países acreditados en el país me permitía hacer las gestiones necesarias para mis viajes al extranjero. Me registré en la Embajada española y establecí buenas relaciones con el cuerpo diplomático allí acreditado.

Cuando ofrecían alguna recepción oficial o celebraban el día de la Hispanidad me invitaban, allí conocía a gente importante, que a la postre me serían de mucha utilidad y a aspirantes a serlo, aunque me encontraba torpe y fuera de lugar en ese ambiente, como pato fuera del agua, me gustaba y agradecía la deferencia.

Pero sobre todo Islamabad tenía dos ventajas que hacían que me inclinará más por esta ciudad que por la más variopinta y acogedora Lahore.

Había supermercados especializados en productos internacionales, con predominio de los procedentes del Reino Unido, pero sobre todo y por encima de todo estaba el Club de Las Naciones Unidas (el ACNUR)[4] y su surtida vinoteca, donde la colección de vinos de La Rioja, y de la

Ribera del Duero era apreciable, incluso alguna que otra vez podía degustar un Tierras Blancas de la Sierra de Cádiz[5], un blanco joven y seco que enfriado en un cubo con abundante cantidad de hielo «entraba» con una facilidad pasmosa. Y los precios eran muy asequibles.

Una tarde estaba en la piscina del hotel tumbado en una tumbona, había degustado un cuba libre que, aunque las bebidas alcohólicas están prohibidas en ese país islámico, algunos hoteles, sobre todo algunos camareros eran fácilmente sobornables y lo prohibido se podía deleitar, aun con más placer por mor de la prohibición.

Estaba somnoliento cuando oí una voz melodiosa que preguntaba. ¿Puedo utilizar la hamaca?, al principio pensé que era un ensoñación, (dada la carencia de actividad sexual a menudo tenía sueños y fantasías eróticas, fenómeno muy frecuente, al parecer, entre los religiosos que, teóricamente, han profesado los votos de castidad) , sin levantar la cabeza miré de soslayo, a través de mis gafas Rayban, lo que tenía ante mis ojos me despertó de inmediato, unas estilizadas piernas que se dejaban entrever a través del sari blanco de seda transparente, lentamente fui levantando la mirada, esas bien formadas piernas parecían no tener fin, pero al final estaban coronadas por un diminuto bikini blanco.

El vientre plano y las caderas anchas eran la antesala de unos pechos firmes y enhiestos

En su cara de piel cetrina y algo redondeada se marcaba una sonrisa entre tímida y pícara.

La rubia cabellera, se notaba que el color no era natural, la llevaba recogida en una graciosa cola de caballo y sus azules ojos tenían la profundidad de los océanos.

Tal aparición me dejó perplejo y sin habla y solo pude balbucear, ¡Por supuesto, Bienvenida!

Sin despojarse del sari extendió su largo cuerpo en la hamaca y comenzó a leer un libro.

Yo, entre mi innata timidez y el sentido de la prudencia, no dije nada, me limité de soslayo a recrearme con tanta belleza, llevaba mucho tiempo sin ver a una mujer tan hermosa y tan de cerca, tan al alcance de la mano. Sentí un tirón en la entrepierna.

No nos dijimos nada, ella se levantó, se despojó de su sari y se zambulló en la piscina, se hizo unos cuantos largos, lo que demostraba que estaba en muy buena forma. Nadaba con un gran estilo, salió de la piscina, se secó y se marchó con un simple hasta luego.

La seguí con la mirada, observándola expectante, esperaba una señal, si salía del recinto sin volver la cabeza era una muestra de que el encuentro se convertiría en una simple anécdota, pero si la giraba y me miraba era un mensaje de esperanza, ¡y lo hizo, no una sino dos veces!. Me relajé y me sentí feliz, hice señas a mi camarero preferido de que me sirviera otro cuba libre.

Al día siguiente, después de un copioso desayuno, bajé a la piscina, la busqué disimuladamente, y allí estaba su hermoso cuerpo dejándose acariciar por los rayos solares. Ahora era yo el que solicitaba permiso para usar la hamaca adyacente, y eso que el recinto a esas horas de la mañana estaba semi desierto.

Me sonrió y asintió con la cabeza, se semi incorporó y con una gesto distendido me alargó su mano y me dijo, -¡perdona pero ayer no me presenté, me llamo Barbra Godin! y ¿y tú eres?-.

-Me llamó Juan José Echevarrieta, pero mis amigos me llaman Juanjo, y si tú lo prefieres llámame así-

-Si porque eso de llamarte Míster Eche no sé qué me resulta difícil-

Hablamos de todo y de nada, de que país éramos, que hacíamos allí, etc. Me dijo que era diseñadora de interiores de grandes almacenes y que era hija de padre portugués de Goa y madre malaya, pero que tenía la ciudadanía norteamericana.

Había sido contratada por una multinacional japonesa que estaba instalando un gran centro comercial en Islamabad.

-Te resultará difícil moverte por esta ciudad sola, ya sabes cómo son estos islamistas, hay muchos radicales y para una mujer como tú y sola puede ser peligroso, ten mucho cuidado, le recomendé, ya tenía in mente invitarla a cenar en algún sitio más o menos romántico.

-Bueno a la oficina me lleva y trae un vehículo de la empresa, el problema es el tiempo libre, quiero ir de compras o a cenar a algún restaurante y no me atrevo a ir sola -

Se había instalado entre nosotros una buena sintonía, éramos dos extranjeros en un ambiente sino hostil si poco acogedor.

-Yo te podría invitar esta noche a cenar, suelo ir al restaurante que el ACNUR tiene aquí en Islamabad-

-No había oído hablar de esa organización. ¿a qué se dedica. Es acaso una ONG?.-

-Son las siglas del Alto Comisionado de las Naciones Unidas para ayuda a los refugiados, están muy volcados en socorrer y proteger a los millones de afganos que por uno u otro motivo se han visto obligados a abandonar su país, se estima que son más de cuatro millones-

-Tienen un buffet excelente y se pueden degustar los mejores vinos, el ambiente es muy acogedor, y cenar en el jardín resulta muy agradable, y aunque hay mosquitos tienen lámparas de esas que emiten ondas de luz azul-violeta que atraen a los insectos y los matan.

-No debe ser muy agradable, estar comiendo y oyendo esos clics tan desagradables-

-Bueno a todo se acostumbra uno, te abstraes del entorno y te centras en los alimentos y en el buen vino-, Argumenté.

-Pues si me invitas sí que me gustaría experimentar algo nuevo-

-No te arrepentirás, nos vemos a las ocho en la recepción, como no quería ir demasiado de prisa, ni quise preguntarle por su habitación y proponerle recogerla allí, recordaba esa frase italiana «el que va piano va lontano»

Pasamos una agradable velada, le di a probar el vino blanco espumoso y afrutado Sierra Blanca. Y le advertí que no bebiera demasiado porque era un vino que entraba muy bien e incitaba a una ingesta excesiva.

Le gustó el sabor y el frescor así como su aroma, me pidió que le explicara como se hacía. Como no tenía ni idea tuve que pedirle al sumiller que se lo explicara.

Este lenta y ceremoniosamente le dijo: «se caracteriza por su sabor afrutado, que se debe a la presencia de ciertos compuestos aromáticos según la variedad de la uva».

El sumiller estaba a gusto explicándola a su atractiva oyente las bondades de los vinos afrutados, me parecía que se estaba excediendo en la explicación, pero no tenía la menor duda de que en esos momentos se sentía muy importante teniendo a esa belleza prestándole atención.

Entre las brumas de la botella de vino de la Ribera del Duero que yo solito me había «hincado», le oí decir: «Los vinos blancos afrutados se elaboran con uvas Riesling que le da sabor a pera y melocotón, o la variedad Chardonnay que le da a sus vinos sabor a cítricos, miel, melón y caramelo. Esta variedad de uva es muy delicada y al ser de maduración temprana está expuesta a las heladas primaverales, se cultiva en los suelo de piedra caliza o arcilla calcárea. Los vinos elaborados con uva tempranillo blanca tienen sabor a manzana y plátano, mientras que la Albariño le confiere aroma de naranja y melocotón y todas son cultivadas en zonas cálidas. Son ligeros y fáciles de beber por eso son los preferidos entre los bebedores neófitos.

-Este que la señora ha tomado-, siguió su perorata el sumiller, - es blanco, pero también los hay tintos , que son igualmente fáciles de beber y para los que se utilizan diversas variedades de uvas, la Syrab tiene un toque de fresa y frutas del bosque, mientras que el toque de la Tempranillo es de cerezas y ciruela, por otro lado la Garnacha tiene un sabor de frambuesa y mora. Al igual que la Pinor Noir que le añade un toque de cerezas-.

El sumiller estaba tan entusiasmado con su disertación que no se percataba de que Barbra entre los efluvios del vino y la duración de la exposición se estaba quedando «grogui» por lo que con toda la calma que pude, le corté el discurso dándole las gracias y alargándole un billete de diez dólares.

Pedí la cuenta y regresamos al hotel, la acompañe hasta su habitación, la 407, Ella que había estado durante todo el trayecto semi dormida y que había estado abrazada a mi todo el tiempo, pareció despertar de repente, cuando abrí la puerta, se desprendió de mis brazos, me dio un rápido beso en la mejilla y entró, cuando hice intención de seguirla, reaccionó rápidamente y con una sonrisa me dio con la puerta en las narices.

Las dos semanas siguientes se me hicieron interminables, y aunque intentaba concentrarme en el trabajo, al atardecer me sentaba en el amplio terreno en tres niveles que había preparado un paisajista de Islamabad y soñaba con Barbra.

Cuando llegó el ansiado día el largo e incómodo trayecto desde Jauharabad hasta Islamabad se me hizo interminable, procuré dormitar un poco pero la excitación no me dejaba, me debatía entre la ilusión de volver a encontrarla y el temor de que hubiese desaparecido de repente como había aparecido en mi vida. Sabía que estaba en un periodo muy vulnerable de mi vida, hacía escasos meses en que mi proceloso matrimonio había finiquitado.

Ella continuaba allí, repetimos el mismo ritual, cuando estábamos terminando la cena en el restaurante del ACNUR, Barbra comentó, esta velada tan agradable que daría perfecta si pudiésemos ir a bailar, ella dijo algo así como «mover el esqueleto».

-Por desgracia aquí no es posible a no ser que hagas algo de gimnasia, dije jocoso, pero una luz se encendió en mi cerebro. Me acordé de Pasha[6] el paisajista.

Pedí al camarero que me acercase uno de esos teléfono móviles que empezaban a proliferar y se estaban convirtiendo en el juguete de moda entre los acaudalados pakistanís, con el que hablaban y hablaban durante horas y horas. Le pedí que marcara un número, cuando el aparatito comenzó a funcionar me lo entregó, al otro extremo una voz un poco pastosa decía Hello Pasha al aparato

-Pasha soy Juanjo, ¿me oyes?, el ruido de fondo era infernal, a la música se añadían las voces y gritos de lo que parecía ser una multitud enfervorizada, estaba sonando Ríos de Babilonia de Bonney M.-

-Mr. Juanjo ¿cómo estás amigo, desde donde me llamas?-

-Estoy en la ciudad. Te iba a preguntar si hoy tenías uno de esos saraos que sueles organizar pero por el ruido veo que no hace falta. ¿Me puedo acercar por ahí, con una invitada?-

-Eso ni se pregunta, ya sabes que mi casa es de puertas abiertas para mis amigos y Mr. Juanjo es algo más que un amigo-

En Pakistán todo el mundo me llamaba Mr. Juanjo, Echevarrieta les era imposible de pronunciar así que eligieron el termino más fácil.

En las fiestas de Pasha no solo se bebía sino que también se fumaba hachís, moderadamente, pero se fumaba.

El baile comenzó de una forma muy educada, muy respetuosa, Pasha que era muy ladino y hacía de DJ, cambió el frenético ritmo de discoteca por uno más pausado, se pasó a la música romántica. Todas las parejas acercaron sus cuerpos y se dejaron llevar por la suave música, nosotros lo hicimos lentamente paso a paso como calculando el riesgo y con miedo a romper el hechizo.

En mi estúpida mentalidad machista, en aquellas fechas aun creía en el mito de que éramos los hombres los que conquistábamos a la féminas, aún estaba muy lejos de aprender que son ellas las que llevan el timón, son ellas las que deciden como y cuando. Pensaba que solo era cuestión de tiempo que termináramos haciendo un intercambio cultural en posición horizontal.

Barbra estaba muy pertrechada, tenía la cabeza muy bien amueblada, insinuaba pero no prometía, amagaba pero no bajaba la guardia.

Regresamos al hotel a altas horas de la madrugada, cuando la acompañé hasta su habitación me dio las buenas noches con un suave beso en la mejilla y entró, pero por descuido o como un mensaje subliminal la puerta se quedó entreabierta, por un momento, solo por un momento, dudé que decisión tomar, si marcharme como un caballero o entrar como un villano y ver qué pasaba.

Finalmente decidí comportarme como un villano, entré y lentamente me desvestí y me metí entre las sábanas, donde fui muy bien recibido.

Iniciamos un tórrido romance.

Nos veíamos todos los fines de semana, un día como sin darle importancia comentó que le gustaría ir al lago artificial Chashma y pasear en barca por él. Para mi sus deseos eran ordenes

Decidimos organizar todo para el siguiente fin de semana.

Visitamos una exposición de caravanas y escogimos la más lujosa de todas la Eriba Touring 820 , con grandes ventanas panorámicas.

Estaba equipada con encimera de 3 fuegos, fregadero. y una ducha independiente. Lo que más nos gustó fue el dormitorio ubicado en la parte trasera con una ventana panorámica que nos permitiría contemplar el panorama exterior desde la cama. La caravana estaba provista de suelo térmico y un magnífico aislamiento térmico y acústico

Le pedimos al proveedor que el automóvil tractor fuera un Volvo S-60 de gasolina.

El plan era el siguiente, yo esa semana tenía la periódica reunión mensual de la alta dirección en Karachi, por lo que al finalizarla volaría hasta Islamabad, recogeríamos la caravana y emprenderíamos el largo y arriesgado viaje. Me tomaría un par de días de vacaciones porque el viaje prometía ser duro y agotador. Nunca había conducido por el carril izquierdo como es la circulación en Pakistán.

Yo llevaba mucho tiempo sin conducir y nunca lo había hecho por la izquierda y mucho menos con una enorme caravana. Haríamos paradas intermitentes cuando la angosta carretera plagada de curvas nos lo permitiera, en las vetustas y viejas vías de comunicación pakistaníes no había áreas de descanso ni esas acogedoras estaciones de servicio de que disfrutamos los europeos

El día que pasamos a recoger la caravana nos avituallamos en Al Fatah Hypermarket una de las cadenas más importantes de Pakistán, mucha cerveza, algún vino afrutado, pan y conservas, en el lago pediríamos a un pescador que pescara algo para nosotros.

Afortunadamente el tráfico no era intenso por lo que recorrimos los aproximadamente 200 km en poco más de cuatro horas.

Llegamos al caer la tarde, preparamos una ligera cena y nos dispusimos a descansar.

A la mañana siguiente madrugamos, contratamos a un pescador y le pedimos que nos llevara a dar un paseo por el inmenso lago artificial, Barbra le ordenó al marinero que echara la rudimentaria ancla justo en el centro del lago, sacó de su abultada mochila una imponente cámara Canon modelo EOS R6 Mark II y un no menos imponente teleobjetivo en el que se podía leer claramente Sony FE.

Y se dedicó a hacer fotos a diestro y siniestro.

Cuando le reproché que casi siempre me estuviera enfocando con su cámara, me contestó con una sonrisa picarona: «I want to show my friends how handsome my boy friend is» y continuó su labor. Su otro blanco preferido era el marinero, se preocupaba de que todo el panorama quedara en segundo plano.

Al tiempo que se afanaba en hacer fotos me comentaba las excelencias de la cámara, la nitidez de sus tomas, su versatilidad y enfoque automático e inteligente.

El marinero había izado su red de pesca donde un enorme pez gato daba coletazos tratando de escabullirse de la trampa, el escuchimizado hombre no podía izar tan enorme pez y tuve que ayudarle. Calculé que pesaría entre 10 y 12 kilos.

Cuando el sol comenzaba a apretar decidimos regresar, y mientras el marinero se afanaba en cocinar el pez nosotros lo dedicamos a descansar, las cervezas estaban frías y las acompañamos con frutos secos, patatas fritas de la marca Pringles, mis favoritas y aceitunas, habíamos encontrado en el supermercado unas latas de una empresa española que decía literalmente, «aceitunas rellenas de anchoas de Santoña».

El marinero había hecho un espectacular guiso con el pez gato, lo había cocinado al estilo marinero, una capa de patatas, otra de pescado, así hasta completar tres capas de cada producto. Resultó un plato realmente delicioso, y lo regamos con un buen vino blanco espumoso muy frio.

Le dijimos al marinero que se quedara, para su familia, con el resto del jugoso guiso.

Barbra dijo: -después de comer necesito beber algo, voy a preparar un té-.

No soy amigo de esta bebida, sobre todo porque es de obligada ingesta en toda recepción o reunión social, pero decidí complacerla y responder con un sonoro sí, cuando me preguntó si me apetecía una taza.

Me sirvió una taza con un líquido que ya conocía pero que ni sabía cómo se llamaba ni de donde procedía y cuáles eran sus excelencias y peculiaridades. Ella se percató de mi mirada y me explicó, sin que yo se lo pidiera: «Este té es único y procede del valle de Cachemira, y por eso se le conoce como Kashmiri Chai, se prepara con té verde, sal, bicarbonato y leche.

Es un té especial porque además de ser cremoso es de color rosa.

Ingerimos lenta y ceremoniosamente la bebida y caímos en los brazos de Morfeo.

Al atardecer cuando la intensidad del sol empezaba a amainar Barbra me comentó que era muy aficionada a la gemología y deseaba recolectar algunas piedras. Y me preguntó si me gustaría acompañarla, ella nunca pedía solo insinuaba, siempre decía: ¿«Te gustaría»?. Era muy sutil y esta táctica hacía imposible decirle que no.

Me sugirió que nos acercásemos lo máximo posible a la alambrada que protegía el reciente de la central nuclear que, aparentemente, aún estaba en construcción.

En la comunidad internacional se había desatado una gran polémica, las autoridades pakistaníes juraban y perjuraban que la central tenía fines pacíficos, para producir electricidad y paliar la endémica escasez de energía eléctrica que sufría el país, con un voltaje tan bajo que los aparatos de aire acondicionado no funcionaban correctamente y frecuentes caídas de tensión y apagones. El suministro eléctrico en algunas zonas del país era intermitente una hora de suministro, y otra de carencia total.

Los expertos y sobre todo El Organismo Internacional de Energía Atómica (OIEA)[7] no las tenían todas consigo y sospechaban que Pakistán estaba proyectando la construcción de una bomba nuclear[8]

Al aproximarnos a la valla perimetral que circundaba el recinto, observé que esa valla era solo la primera línea de defensa, que a unos 50 metros detrás había otra con torretas de vigilancia donde se podía observar a los soldados haciendo guardia con sus fusiles automáticos en las manos prestos a disparar y se podían leer las señales de atención nuclear y de valla electrificada.

Un detalle que me llamó la atención, aunque en su momento, no le di demasiada importancia, luego lo entendería perfectamente, fue que no recogía las piedras con las manos, que llevaba enguantadas, sino que lo hacía con una especie de bastón con garras y las depositaba en un bolso con cierre sellado. Cuando hice ademán de agacharme a recoger una piedra que me había gustado, tuvo una reacción muy extraña, me gritó: «No las toques con tus manos desnudas».

¿Por? acerté a decir.

Por dos razones, empezó a explicarme:

Una, estas piedras contienen muchas bacterias y te podrías infectar si luego te tocas los ojos o la boca y dos tus manos pueden contaminar la piedras que llevan aquí miles de años y las quiero vírgenes.

Al día siguiente muy de mañana iniciamos el viaje de regreso. Regresé a mis labores cotidianas.

Nada me hizo sospechar que esta sería la última vez que vería a Barbra.

[1] PAKISTÁN

Pakistán vio la luz el 14 de agosto de 1947 cuando las zonas de la recién independizada India de mayoría musulmana se independizaron a su vez de la nueva nación.

Una nación que nacía con un gran hándicap, el país constaba de dos áreas separadas entre sí por más de 2 000 kilómetros de territorio hostil. A las que bajo la nominación genérica de Pakistán se conoció como las provincias o zonas Occidental y Oriental.

La creación de Pakistán fue traumática desde el día uno, en primer lugar se produjo un éxodo, un trasvase de población de una zona a otra de unas dimensiones hasta entonces desconocidas.

Ya en los disturbios entre partidarios y enemigos previos a la partición se estima que perdieron la vida casi dos millones de personas.

Según fuente de la UNHCR (Alto Comisionado de las naciones Unidas para los Refugiados) unos catorce millones de hindúes, sijúes y musulmanes se vieron forzados a abandonar sus hogares e instalarse en los nuevos territorios asignados a cada comunidad. Este éxodo se convirtió en la mayor migración de la historia de la humanidad.

La partición fue tan traumática y las brutalidades cometidas por ambas partes, hindúes y musulmanes, fueron tan horripilantes que crearon un resentimiento y animosidad entre ambas naciones que las ha llevado a enfrentamientos armados en cuatro ocasiones, en 1947, 1949, 1965 y 1971.

Ya desde la década de los años veinte del pasado siglo XX se manifestaba el deseo de independencia del subcontinente indio. El problema fue que no era un movimiento independentista sino dos, el de la población de origen hindú y la de origen musulmán.

Emergieron tres figuras que serían fundamentales para que estos dos movimientos se concretaran. Para comprender el proceso hay que conocer, aunque sea muy someramente a los tres protagonistas principales.

Al término de la segunda guerra mundial, se estableció un nuevo orden en la esfera internacional, habían emergido dos potencias que durante casi cincuenta años se disputarían la hegemonía universal y arrumbarían a los viejos y caducos imperios inglés y francés. Habían emergido los Estados Unidos y la URSS como duelos y señores del orbe. Ambas potencias emergentes se sumergieron en una guerra incruenta pero peligrosa que durante casi cincuenta años condicionó el futuro de naciones. La llamada Guerra Fría.

Los Estados Unidos promulgaban el fin de la era colonial y promovían la independencia de los pises colonizados, la URSS por su parte no pretendía acabar con el colonialismo sino reemplazarlo por el comunismo. Y en este complicado tablero de ajedrez la India era una pieza muy codiciada.

El primer ministro Winston Churchill era enemigo declarado de conceder la independencia de lo que a la sazón era la Joya de la Corona del Imperio británico, la administración americano exigía lo contrario y la URSS emponzoñaba e incordiaba todo lo que podía.

Y en el subcontinente hindú había tres personalidades que trataban de influir y participar, cada uno a su manera, en el juego. Si se puede llamar así a unos acontecimientos que siempre los sufren los mismos, los inocentes ciudadanos.

Por parte hindú hay que destacar a Savarkar y Gandhi y por parte pakistaní a Jinnah

Vinayak Dámodar Savarkar

Era un nacionalista de derechas que trabajó por la independencia de la India a la sazón bajo dominio imperial británico y paradójicamente aunque era antirreligioso, que negaba el culto hindú a la condición sagrada de las vacas, terminó creando un movimiento cuya ideología era el nacionalismo y la religión.

Enemigo acérrimo y declarado del movimiento pacifista de Gandhi, a los partidos de izquierda e incluso al conservador Partido del Congreso.

Se negaba, tajantemente, a la partición de India en dos, una hindú y otra musulmana.

Cuando en 1942 Gandhi lanzó su movimiento «Quit India»[9] Savarkar peyorativamente comentó: «Abandonen la India pero dejen aquí su ejército imperial».

Su animosidad contra Gandhi le llevó a ser acusado de ser el autor intelectual de su asesinato. Por falta de pruebas fue absuelto.

En la actualidad Savarkar está considerado como un icono, un referente de los partidos políticos hindúes de tendencia nacionalista.

En el edificio que alberga al Alto Comisionado de India en el Reino Unido (la Indian House) hay una placa dedicada a Savarkar que dice: «Vinayak Dámodar Savarkar 1883-1966 Indian patriot and philosopher lived here» («aquí vivió el patriota y filósofo indio Vinayak Dámodar Savarkar [1883-1966].

Muhammad Ali Jinnah

Está considerado como el padre fundador de Pakistán, (Se le conoce como Baba-e-Qaum).

Estudió Derecho en el londinense Lincoln's Inn

Como líder de la Liga Musulmana Panindia (All Indian Muslim Leaque) fue el primer presidente del país hasta su muerte ocurrida en 1948

El día de su nacimiento el 25 de diciembre es el día nacional pakistaní.

Luchador incansable por la igualdad entre hindúes y musulmanes, propuso un programa de 14 puntos para modificar la Constitución y de esta manera preservar los derechos de esta parte de la sociedad que estaba discriminada y oprimida.

En 1920 Mohandas Gandhi había presentado su campaña de resistencia pacífica contra el imperio británico para conseguir la independencia de la India, Cuando el Congreso Nacional aprobó dicha campaña Jinnah renunció a su escaño para mostrar su rechazo a esa forma de actuación que consideraba que sumiría al país en la anarquía.

En 1940 su pensamiento político experimentó un giro de 180 grados, pasó de ser un defensor de la igualdad entre ambas sociedades en un mismo país a proclamar que los musulmanes hindúes debían tener su propio estado, he hizo suya la Resolución de Lahore que demandaba una nación propia para los musulmanes.

Al término de la segunda guerra mundial y ante las presiones de la administración norte americana y su filosofía de descolonización el Imperio Británico se vio obligado a conceder la independencia a la que hasta entonces había sido la Joya de la Corona.

La partición de la India se consumó el 15 de agosto de 1947. Jinnah vio cumplido su sueño.

Mohandas Karamchand Gandhi

Ejercía como abogado en África del Sur cuando decidió abandonar su acomodada vida en la capital surafricana y regresar a su amada patria, la India, para luchar por el derecho de esta, a la sazón colonia inglesa, a su independencia.

Se convirtió, con su programa de resistencia pasiva, en el más destacado dirigente hindú del movimiento pro independentista.

Rabindranath Tagore, el renombrado poeta y filósofo le llamó Mahatma, alma grande.

En su fértil imaginación empleo tácticas hasta entonces desconocidas como las huelgas de hambre, y la no violencia, para detener los trenes y colapsar el país sus partidarios se tendían en las vías e impedían que los trenes circularan.

Fue un personaje muy controvertido, amado hasta la idolatría por sus partidarios era igualmente denostado por sus detractores y enemigos, entre los que se encontraban el musulmán Jinnah y el hindú Savarkar. Los ingleses le detestaban en igual proporción, Churchill llegó a decir que no se podía imaginar, y que no permitiría, a ese faquir medio desnudo dirigirse al Parlamento inglés como Gandhi pretendía hacer.

Era muy frugal, se vestía con una túnica que solo le cubría medio cuerpo y se bebía su propia orina.

Pensaba que el ser humano debía anteponer los dictados de su conciencia a las leyes empleando si ello fuese necesario la desobediencia civil.

De ideas conservadoras proponía el retorno a las viejas tradiciones hindúes.

Sus numerosas detenciones y encarcelamientos le convirtieron de inmediato en héroe nacional

La independencia de los musulmanes le produjo una herida en su moral de la que nunca se recuperó, era un acérrimo defensor de la unidad de la nación y de la igualdad entre las distintas comunidades, sin distinción de raza, credo o estatus social.

Se ganó la animadversión de los más integristas al propugnar la eliminación de las castas integrando a los parias.

Sus continuos y prolongados ayunos fueron minando su precaria salud, en sus últimos días era un esqueleto andante.

A sus audiencias públicas, acompañado siempre de sus dos sobrinas, acudían miles de personas provenientes de todos los rincones del país.

En una de esas multitudinarias audiencias, que carecían de ningún tipo de seguridad, el 30 de enero de 1948 fue asesinado por un fanático integrista hindú llamado Nathuram Godse

Las cenizas de Gandhi fueron arrojadas al rio Ganges.

EL ÉXODO

Así como la emigración de los musulmanes hindúes a Pakistán se ralentizó, la de los hindúes desde Pakistán Oriental a la India se acentuó dramáticamente, en 1951 se registraron 2,5 millones de individuos procedentes de esa región.

En 1973 el número de refugiados fue de 6 millones. Este sustancial aumentó fue motivado por la guerra de independencia del Pakistán oriental[10] en 1971 por la que esta parte pasó a ser llamado Bangladés. Solo en ese año el número de refugiados fue de 1,5 millones.

El problema para la India se incrementó cuando como resultado de las guerras indo-pakistanís de 1965 y 1971 los hindúes que aún permanecían en el Pakistán Occidental decidieron abandonarlo y dirigirse a la India.

Para una mayor información sobre este tema el lector puede consultar el bien documentado libro de Dominique Lapierre y Larry Collins. «Esta noche la libertad» o visionar la película «Gandhi "de Richard Attenborough.

2 LAHORE

Es la segunda ciudad más poblada de Pakistán con casi 10 millones de habitantes. Es el centro cultural histórico del Punjab que significa la tierra de los cinco ríos.

En las década de los setenta bajo el mandato de Zulfikar Ali Bhutto, Lahore se convirtió en la ciudad más cosmopolita, liberal y progresista de oriente, llegó a ser considerada la Paris de Asia.

En el aspecto político jugó un papel muy importante en el movimiento pro independencia, fue allí donde se proclamó la independencia de la India y se emitió la resolución que pedía la creación de Pakistán.

Lahore fue fundamental para los movimientos de independencia tanto de India como de Pakistán, siendo la ciudad el lugar donde se proclamó la declaración de Independencia india y se emitió la resolución que pedía el establecimiento de Pakistán como país independiente..

Las principales universidades del país tienen su sede en Lahore y es el centro de Lollywood el equivalente paki de Hollywood, es la ciudad más turística de Pakistán.

Tiene edificios emblemáticos como el fuerte de Lahore y los jardines Shalamar Gardens, declarados por la Unesco Patrimonio de la Humanidad, destacan las mezquitas Badshahi y Wazir Khan.

Su proximidad a la frontera con India la expone a ser conquistada en cada conflicto entre ambos países. En la guerra de 1965 las tropas indias entraron en la ciudad con total facilidad e impunidad, lo que llevó al comandante indio a temer que esa incursión se convirtiese en una derrota estrepitosa porque recelaba de que tanta facilidad no fuese más que una añagaza pakistaní, por lo que decidió retirase, de esta forma Lahore se libró de una ocupación que hubiese sido letal para sus habitantes.

Tiene un clima semiárido y en los meses de mayo, junio y julio los termómetros marcan los 50°, calor que es reemplazado en agosto por las lluvias monzónicas. En los meses de invierno las temperaturas pueden llegar a dígitos negativos.

La decadencia de Lahore comenzó cuando a finales del año 1977 el jefe del ejército, el siniestro Muhammad Zia-ul-Haq dio un golpe de estado, destituyó y encarceló a Zulfikar Alí Bhutto. e instauró una sangrienta y represiva dictadura de tipo islámico. Zulfikar fue declarado, por un tribunal militar, culpable de homicidio, condenado a muerte y ejecutado en la horca.

Lahore se convirtió en una ciudad triste y anodina, amén de sucia y descuidada en sus edificios más representativos.

3 ISLAMABAD

Obtenida la independencia de la India la capital de la neonata nación pakistaní se instaló en Karachi la ciudad más importante del país.

En la primera guerra indo-pakistaní se constató que la capital era muy vulnerable por mar a los ataques de la flota india.

En la década de los sesenta el ejecutivo decidió construir una nueva ciudad lejos del alcance de los misiles hindúes y se eligió un amplio territorio en la meseta de Potwar al norte del país.

La capital se llamaría Islamabad que en el lenguaje oficial, el urdu, significa Ciudad del Islam.

Una ciudad magníficamente planificada, diseñada con escuadra y cartabón, pero sin alma, sin esa vida multitudinaria y variopinta de todas las ciudades del mundo que han ido creciendo al tiempo que aumentaba el número de sus moradores.

En Islamabad todo es aséptico, limpio, ordenado y frio.

Aunque el microclima de la ciudad está regulado por tres lagos artificiales (Rawal, Simli y Janpur Dam) el clima es extremo con veranos tórridos y lluvias monzónicas e inviernos fríos con nevadas en las colinas.

Las clases pudientes de la ciudad se refugian, en verano en la zona montañosa de Murree.

Al suroeste de la ciudad en la zona de Taxila se encuentra un museo dedicado a Alejandro Magno, no es infrecuente encontrar en esa zona lugareños con ojos azules descendientes de los guerreros del gran conquistador macedonio.

La ciudad está dividida en zonas, la comercial, la diplomática, la educativa, la industrial e incluso la recreativa.

La ciudad se ha subido al carro de la tecnología de la información y las comunicaciones y ha creado dos parques tecnológicos en Evacuee que alberga 29 compañías nacionales y extranjeras y el Awami Markaz que alberga 36.

Goza de algunas edificaciones singulares como la mezquita de Faisal, llamada así por el Rey Faisal de Arabia Saudita que fue el que sufragó los 200 millones de dólares que costó su construcción.

Otro emblemático edificio, por su singular arquitectura, es la Torre Saudi.Pak, también destacan el edificio de la Asamblea Nacional, la Casa de Pakistán residencia del presidente de la nación y el edificio de la Biblioteca Nacional.

La ciudad alberga dos de las más prestigiosas universidades del país, la Universidad de Islamabad y la Universidad Quaid-i-Azam

Mención aparte merecen los jardines botánicos y el parque nacional de las colinas de Margalla, con una extensión aproximada de 17 400 hectáreas sus límites llegan hasta las estribaciones de los montes Himalayas y está formado por la cordillera del mismo nombre, el lago Rawal y el complejo cultural y deportivo Shakaparian, su altura sobre el nivel del mar oscila entre los 685 en el extremo occidental y los 1 600 en el oriental.

Disfruta de una variedad y cantidad de fauna y flora muy amplia y variada.

Los lugareños usan muchas de las más de 250 especies de sus plantas como medicina natural.

La fauna salvaje es muy variada monos, aves exóticas y depredadores como el leopardo.

Los últimos estudios sobre la flora y fauna del parque han llegado a constatar que existen, al menos, 54 especies de mariposas, 37 de peces, 9 de anfibios, 20 de reptiles, 380 de aves, 21 de pequeños mamíferos y 15 de grandes mamíferos.

Y a pesar de todas estas bendiciones, Islamabad parece que nació gafada.

En octubre de 2005 la ciudad se vio sacudida por el terremoto de Cachemira (magnitud 7,6 en la escala de Richter) que ocasiono daños en algunos edificios.

Los terroristas se han cebado con sus atentados en la ciudad, en junio de 2007 perpetraron un atentado en Lal Maslid (la mezquita roja), en junio de 2008 el objetivo fue la embajada de Dinamarca y en septiembre de 2008 fue el hotel Marriot el que fue objeto de un atentado con camión bomba que destruyó el edificio.

En 2011 hubo cuatro atentados terroristas que acabaron con la vida de cuatro personas, entre ellos la del entonces gobernador de la provincia.

Los accidentes aéreos también han sido frecuentes así en julio de 2010, el día 28, el vuelo 202 de Airblue se estrelló contra las colinas de Margalla ocasionando la muerte a 152 personas, en abril de 2012 fue el vuelo 213 de Bhoja Air el que se estrelló al aterrizar, 121 personas perdieron la vida.

4 EL ACNUR

Pakistán tiene un problema endémico con su vecino Afganistán, un país con una turbulenta historia de luchas tribales, invasiones, golpes de estado, revoluciones, terremotos y tragedias sin fin.

A finales de la década de los 70 la entonces Unión Soviética invadió este país para apoyar al gobierno comunista que estaba siendo derrotado por el movimiento talibán de fanáticos religiosos.

A la guerra civil se unió una espiral de violencia con detenciones masivas y ejecuciones indiscriminadas.

Tres millones de ciudadanos afganos lograron refugiarse en Pakistán y otros dos en Irán.

Cuando finalmente la URSS tuvo que salir escaldada del país, llegaron los talibanes y establecieron una dictadura aún peor que la comunista, la única constitución era el Corán y la única ley la islámica.

La Sharía que significa «el camino de la paz» sirve de guía para todas las actividades diarias de los creyentes, establece las obligaciones familiares y religiosas e incluso los negocios financieros.

Pero a diferencia de la Biblia cristiana que las normas que propone son orientaciones morales, en la Sharía son normas de ley y obligado cumplimiento. y rige todos los aspectos de la vida de las personas.

Los tribunales de justicia son sustituidos por tribunales religiosos que velan por un estricto cumplimento de la ley coránica.

Este fanatismo religioso, esta conculcación de los derechos humanos más elementales provocó otro éxodo masivo de afganos que buscaron refugio en Pakistán.

Esta segunda y masiva emigración a diferencia de la primera que había sido de gente sin recursos ni medios incluía a familias prominentes y ricas que llevaban consigo bienes y enseres y dinero en efectivo, por lo que rápidamente se integraron y medraron en la sociedad pakistaní, y eran profesionales cualificados como médicos, ingenieros, profesores. Pero, todavía, la mayor parte era de gentes sin recursos que necesitaban de apoyo.

El ACNUR.(el Alto Comisionado de la Naciones Unidas para los refugiados) se tuvo que hacer cargo de ellos.

En 1988 había a lo largo de la frontera entre ambos países 340 campos de refugiados.

En septiembre de 2001 Al Qaeda el grupo terrorista liderado por Osama Bin Laden refugiado en Afganistán perpetro los atentados contra las Torres Gemelas de Nueva York y el Pentágono.

El presidente americano George W. Bush declaró la Guerra contra el Terrorismo y ante la negativa del gobierno talibán a entregar al inductor de los atentados decidió, al frente de una alianza internacional, invadir Afganistán.

Cuando los talibanes fueron derrotados muchos de esos refugiados decidieron regresar a su país.

En 2017 aún permanecían en Pakistán más de un millón de ellos.

En septiembre de 2012 Imran Khan a la sazón primer ministro de Pakistán prometió otorgar la ciudadanía pakistaní al millón y medio de afganos que residían en el país, promesa que, como es usual en los políticos, nunca cumplió.

En 2001 los afganos en Pakistán alcanzaron los cinco millones, entre ellos los que habían nacido en el país donde sus padres se habían refugiado hacía ya más de 20 años.

En 2016 unos 4 millones de afganos fueron repatriados desde Pakistán.

El ACNUR paga a Pakistán unos 78 dólares americanos por persona y año, unos 133 millones en total. Y ha promovido un programa de repatriación para todo aquel que desee regresar a su país, y le ofrece 140 dólares, por su parte el gobierno afgano se ha comprometido a entregarle un terreno para que construya su vivienda

Más de 357 000 afganos se han acogido a este programa.

Los afganos nacidos y criados en Pakistán no desean volver porque creen que no se adaptarían al modo de vida del país, son y se sienten pakistanís y están integrados en la sociedad.

El ministro afgano de refugiados y repatriación anunció que su ministerio establecería 48 ciudades en Afganistán para los refugiados que regresan de Pakistán e Irán.

A pesar de todo este esfuerzo todavía hay unos dos millones de refugiados en Pakistán, algunos llevan allí más de veinte años a los que se les permite, trabajar, alquilar una vivienda, viajar y asistirá una escuela pero a los que no se les otorga la ciudadanía pakistaní.

La situación de estos refugiados tiende a agravarse. Y aunque la mayoría de ellos vive en campos de refugiados no dejan de ser una carga para un país que tienen 180 millones de habitantes y cuya paupérrima económica no le permite ese descomunal gasto adicional.

El ex primer ministro paquistaní Abdul Qadir Baloch ha declarado que Pakistán lleva gastados más de 200 000 millones de dólares en los últimos treinta años en ayudas a los refugiados, gasto que su país no puede permitirse.

Para agravar más el tema, Pakistán se ha visto afectado por desastres naturales como el terremoto de 2005 y la inundaciones de 2010. Amén de cuatro guerras con su vecino indio y embarcarse en un costosísimo programa nuclear.

5 *LOS VINOS DE LA SIERRA DE CÁDIZ*

Hasta bien reciente los vinos de esta provincia más conocidos y renombrados eran los vinos de Jerez y la Manzanilla de Sanlúcar y algo menos el de Chiclana, pero desde hace unos años los pueblos de la sierra como Prado del Rey, Olvera, Setenil de las bodegas, Villamartín y Bornos entre otros se han lanzado a la producción de un vino espumoso blanco y unos tintos realmente buenos.

La Junta de Andalucía está trabajando para que la denominación Vinos de la Sierra de Cádiz les sea otorgada.

Son vinos elaborados con diversas variedades de uvas como las tintas Syrah, Merlot, Cabernet y otras muchas.

Los vinos blancos espumosos se elaboran con uvas Palonimo, Chardonnay y Sauvignon Blanc.

A las bodegas tradicionales se han unido las de nueva creación aportando una modalidad de bodega altamente automatizada y de diseño vanguardista. Destaca la de la huerta de Albalá situada en Arcos de la Frontera o la Bodega Tesalia creada por unos ingleses locos y románticos, los Golding.

6 PASHA

Era un personaje singular que se diferenciaba de la bovina fauna pakistaní.

Excelente profesional y mejor amigo.

Nunca le vi vestir el shalwar kameez tradicional, siempre llevaba una camisa de lino blanco y unos pantalones marrones del mismo tejido.

De piel color miel y una amplia y amigable sonrisa, ojos marrones, brillantes y que parecían sonreír, era una mirada amigable y acogedora.

De mediana estatura, pelo negro cuidado, limpio, pero que parecía resistirse al peine.

Atento a todo, como si estuviera en estado de alerta permanente, era el centro de atención pero no el protagonista, su atención era como para calibrar las necesidades de cada uno y así poder ayudarle.

Servicial, peo no servil y amigo de sus amigos, bromista y de trato distendido, trataba a todos por igual, con respeto y cortesía.

Muy intuitivo parecía ir siempre unos pasos por delante de los demás, cuando la gente iba él ya estaba de vuelta.

Un excelente profesional, eficaz y resolutivo con imaginación, creatividad y sensibilidad.

Muy vitalista y con ansias de vivir, era muy crítico con las limitaciones a la vida que él deseaba y que le imponían la Sharía que su gobierno pretendía instaurar en la sociedad. Era como un hippie iconoclasta.

Una de esas personas que dejan una impronta inolvidable en la vida de los que tienen el privilegio de conocerle.

Tenía algo especial, era como una rara avis.en un corral de gallinas.

7 EL OIEA

En diciembre de 1953, en plena escalada de la guerra fría, el a la sazón presidente de los Estados Unidos, el único país que ha hecho uso militar de la energía atómica, se dirigió a la asamblea General de las Naciones Unidas (ONU) con un discurso titulado Atoms for Peace (Átomos para la Paz).

En dicho discurso alertaba de los peligros de la novedosa y letal tecnología y se comprometía, y comprometía a su país, a velar porque esa nueva fuerza se aplicara en beneficio de la humanidad, para crear vida y no para destruirla.

Me siento impulsado a hablar hoy en un lenguaje que en un sentido es nuevo--un lenguaje el cual, yo, que he gastado gran parte de mi vida en la profesión militar, hubiera preferido no usar nunca. Ese nuevo lenguaje es el lenguaje de la guerra atómica. Afirmaba

Este discurso dio lugar a la creación de un organismo internacional para la promover la utilización del átomo y controlar que se utilice para usos pacíficos.

El 29 de Julio de 1957 el OIEA (Organismo Internacional Energía Atómica) comenzó su andadura en Viena.

Entre sus objetivos: «acelerar y aumentar la contribución de la Energía Nuclear para fines de Paz, la Salud y la Prosperidad en todo el orbe».

El Artículo II de su estatuto especifica: «El Organismo procurará acelerar y aumentar la contribución de la energía atómica a la paz, la salud y la prosperidad en el mundo entero. En la medida que le sea posible se asegurará de que la asistencia que preste, o la que se preste a petición suya, o bajo su dirección o control, no sea utilizada de modo que contribuya a fines militares».

La organización establece normas de seguridad nuclear y protección medio ambiental

Establece programas de intercambio de información, publica reglamentos y códigos sobre la operatividad de las plantas nucleares.

El campo de acción del organismo se asienta en tres áreas de actuación: Seguridad Tecnológica y Física, Ciencia y Tecnología y Verificación del uso apropiado de las instalaciones.

Se arroga la misión de que la energía nuclear contribuya al desarrollo de todo el orbe, basado en las necesidades e intereses de los estados miembros siguiendo sus planes de desarrollo de su industria nuclear supervisados y avalados por el organismo

No todos son parabienes para el organismo, Yuri Andreyev, la persona responsable de descontaminar Chernóbil ha lanzado duras críticas contra el organismo acusándole de ser un mero instrumento del lobby nuclear.

En 2005 el organismo fue honrado con el premio Nobel de la Paz

Los premios Nobel los instituyó el químico, ingeniero, escritor e inventor sueco, Alfred Nobel, famoso sobre todo por ser el inventor de la dinamita.

En su testamento dejó escrito que su fortuna se destinara a premiar, anualmente, a aquellas personas que hubiesen tenido un papel destacado en cada una de las siguientes actividades: Física, Química, Medicina, Literatura y Paz.

A diferencia de los otros cuatro que se conceden por decisión de la Academia de las Ciencias de Suecia y se entregan en Estocolmo,, el de la Paz se entrega en Oslo y lo concede el comité Nobel de Noruega que está compuesto por cinco personas designadas por el parlamento noruego.

El premio tiene una asignación de un millón de euros, además de un diploma y una medalla, pero lo más importante no son estos tangibles reconocimientos sino el prestigio internacional que el premio conlleva.

En su testamento Nobel dejó escrito que el Nobel de la Paz se concedería: «a la persona que haya trabajado más o mejor en favor de la fraternidad entre las naciones, la abolición o reducción de los ejércitos alzados y la celebración y promoción de acuerdos de paz».

Los argumentos esgrimidos por el comité para su decisión fueron: el control que ejerce para que el uso de la energía nuclear se utilice para crear vida y no para destruirla, en un mundo tan convulso donde existe el peligro de que algún grupo terrorista se pueda hacer con esta arma tan mortífera.

La actividad de este organismo ha contribuido a que la energía nuclear sea la forma más económica de producir electricidad y de que sus instalaciones sean seguras.

Según los datos del Organismo a finales de 2023 había 442 centrales nucleares en funcionamiento y 58 en construcción.

Y salvo accidentes de menor importancia solo ha ocurrido uno grave que fue el de Chernóbil el 26 de abril de 1986 y que fue provocado por un fallo humano.

Pero la triste realidad es que los buenos propósitos son solo eso,. buenos propósitos, hoy en día hay al menos que se sepa, nueve países que tienen esa mortífera arma. Y la tienen en cantidades industriales.

El secretismo es preponderante en este tema, nadie quiere presumir de su capacidad de destrucción, pero el Nuclear Threat Initiative en su última informe estima que:

China posee 500 ojivas nucleares y 134 misiles balísticos intercontinentales (ICBM, intercontinental balistic missiles) capaces de transportarlas y explosionarlas en cualquier rincón del orbe.

Francia dispone de 290 ojivas

La India tiene unas 160 ojivas, siendo superada por su archi enemigo Pakistán que tiene 170.

El Reino Unido dispone de 225 ojivas.

La ex Unión Soviética, Rusia dispone de 1 822 ojivas activas y 521 ICBM muchos de los cuales los tiene instalados en submarinos, y 3 758 almacenadas o en fase de desmantelamiento.

Los Estados Unidos no le van a la zaga, con sus 1 679 ojivas desplegadas a las que habría que añadir las 3 649 en reserva

Estos son los países que han hecho públicos sus arsenales, hay otros como Israel que lo mantiene en secreto y que se estima que estarían entre las 90 y 100 ojivas.

En la enigmática e impenetrable Corea del Norte se han detectado seis ensayos, se estima que posee entre 50 y 65 ojivas.

El problema más grave, acuciante y potencialmente más peligroso fue cuando la URSS implosionó y su arsenal de armas *nucleares diseminado por los países satélites quedó en manos de gobiernos pocos estables, con el peligro añadido de que estas mortíferas armas pudiesen terminar en manos de organizaciones terroristas.*

Bielorrusia, Kazajstán y Ucrania devolvieron las armas nucleares almacenadas en su territorio a la nueva Rusia.

Sudáfrica llegó a fabricar seis artefactos nucleares, pero cuando Nelson Mandela llegó al poder ordenó destruirlas

Japón ha informado que dispone de la capacidad de producir armas nucleares pero que no tiene voluntad de hacerlo

Irán a pesar de haber firmado un acuerdo comprometiéndose a no fabricar armas nucleares está bajo sospecha acusada de estar subrepticiamente, incumpliendo lo firmado.

Si el catastrofismo que los «asalta caminos ecologistas» emplean contra la energía nuclear la aplicaran por ejemplo a la aviación comercial esta debería ser suspendida, ocasionan más víctimas mortales los accidentes de aviación que el uso de la energía nuclear.

Comentario del autor

Y como es norma general de los españoles nosotros vamos contra corriente, en vez de construir lo que hacemos es cerrar nuestras instalaciones.

Todo basado en la ignorancia y en la ceguedad y demagogia ideológica de un@s individu@s sectari@s, trepas y farsantes.

Los «ecolojetas» han hecho de la oposición a la energía nuclear, su milonga del cambio climático y su defensa de la naturaleza el leit motiv de su actividad y les va muy bien, sobre todo en lo crematístico, área en las que son expertos en conseguir financiaciones y donaciones.

En nuestras puerta, en la vecina Francia hay 56 centrales nucleares de las cuales 9 están a tiro de piedra de nuestras fronteras, las más alejada la de Saint Luarent Nouan está a 575 kilómetros de San Sebastián, pero es que la de Blayais está situada a solo 304 km de Bilbao y a 278 km. de la capital donostiarra.

Barcelona tampoco se libra de ser alcanzada por los efectos de una catástrofe nuclear, a escasos 408 km se encuentra la central nuclear de Marcoule

Y los españolitos de a pie como siempre diferentes y tontos tragándose todas estas historias y ¡otra de gambas!

8 LA CENTRAL NUCLEAR

El 8 de diciembre de 1953 ante la Asamblea General de las Naciones Unidas el a la sazón presidente de los Estados Unidos Eisenhower pronunció un discurso titulado Átomos para la Paz, en el que se pronunciaba por el uso pacífico de ese nuevo tipo de energía, la nuclear.

En 1956 el gobierno pakistaní estableció la PAEC, (Comisión de Energía Atómica de Pakistán), con el propósito de desarrollar un programa nuclear con fines pacíficos.

El primer ministro Muhammad Zafarullah Khan declaró: «Pakistán no tiene política sobre las bombas atómicas, nuestro programa es estrictamente pacífico».

En 1955 Estados Unidos y Pakistán firmaron un acuerdo por el que los norteamericanos suministrarían un reactor tipo piscina y transferencia de tecnología nuclear para usos pacíficos.

En el periodo 1956-1971 el programa nuclear pakistaní fue de uso estrictamente pacifico, pero al tiempo era un elemento disuasorio contra su enemigo, la India.

Pero los halcones ya empezaban a presionar para que el programa contemplara la producción de armas de destrucción masiva, la bomba atómica.

En 1972 y tras la pérdida de lo que se conocía como Pakistán Oriental (ver nota 10), el programa nuclear dio un vuelco. Zulfikar Alí Bhutto, el primer ministro, convocó en Multan a científicos e ingenieros y les instó a construir un artefacto nuclear para el año 1976. La supervivencia nacional estaba en juego, les arengó.

El científico Munir Ahmad Khan que era director de la División de Energía Nuclear y Reactores de la OIEA, fue nombrado presidente de la PAEC, su misión ¡fabricar la bomba!

Para esta misión Pakistán necesitaba poseer uranio y durante tres años se dispusieron todos los medios para encontrarlo, finalmente en el distrito de Dera Ghazi Khan fue hallado un yacimiento.

La siguiente misión era, si se quería tener éxito en la fabricación del artefacto, enriquecerlo. No fue hasta abril de 1978 cuando se logró un enriquecimiento moderado para la producción de material fisionable.

En 1974 y ante el estupor y la sorpresa del mundo la India detonó su propia bomba atómica, era el único país a excepción de los cinco miembros del Consejo de Seguridad de las Naciones Unidas (China, Rusia, Francia, Gran Bretaña y los Estados Unidos) que poseía un artefacto nuclear, el programa pakistaní de producir armas nucleares cobró un considerable impulso.

A esta primera operación hindú la Smiling Buddha, de mayo de 1974, le siguió en mayo de 1998 la Operación Shakti, la segunda prueba nuclear india que fue la detonación de cinco artefactos nucleares.

La reacción pakistaní no se hizo esperar, ese mismo mes Pakistán detonó cinco artefactos nucleares en un túnel construido exprofeso para tal efecto.

Pakistán se convirtió en el noveno país del mundo en poseer armas nucleares.

El programa nuclear pakistaní a continuado, a la primera planta nuclear Chashma I le siguió la II y las Chashma III y IV están en construcción.

La Comisión de Energía Atómica de Pakistán con la colaboración de China es la que construye y opera estas plantas.

La OIEA y el departamento de Energía de los Estados Unidos han concedido el visto bueno a este programa conscientes de las necesidades energéticas que tiene este populoso país asiático, cuya necesidades energéticas se estima aumentaran ocho veces el volumen actual.

Lo peligroso de este tema es que Pakistán dispone de 165 cabezas nucleares y los misiles capaces de transportar estas bombas tienen un alcance de 2 700 kilómetros lo que les permitiría llegar a cualquier rincón de la India.

Pakistán no ha firmado el Tratado de No Proliferación de Armas Nucleares.

Lo que induce a pensar que continuará fabricando estos mortíferos artefactos.

[9] QUIT INDIA

En plena segunda guerra mundial y ocho meses después del alevoso ataque de Japón a la base naval de Pearl Harbor se celebró en Bombay una sesión del Congreso y allí Gandhi haciendo gala de una temeridad suicida lanzó el movimiento Quit India (Fuera de la India) que exigía el abandono de Inglaterra de la India.

¿Qué hubiera ocurrido si efectivamente los británicos hubiesen abandonado la India y no hubiesen detenido, en Birmania, el imparable avance japones hacia la India?

El Comité lanzó una protesta exigiendo lo que Gandhi llamaba «una retirada ordenada».

Pero los ingleses son muy suyos y con las cosas de comer son muy intransigentes, así que respondieron encarcelando a todos los miembros del Comité, habían pasado escasamente unas pocas horas de la resolución.

Afortunadamente para la India, los británicos contaban con el apoyo de la liga Musulmana, de la Policía Imperial de la India, del Ejército Indio Británico y del Servicio Civil de la India.

La mayoría de los empresarios hindúes tampoco apoyaban el movimiento, la guerra les estaba reportando pingües beneficios.

Solo la ingenuidad de los norteamericanos y su patológico buenismo (cuando no le tocan sus intereses, que eso es otro cantar) apoyaron el Movimiento.

El presidente Roosevelt presionó a Winston Churchill para que cediera a las demandas hindúes.

El adalid de la No Violencia propició, sin pretenderlo, una brutal ola de violencia.

A lo largo y ancho del país estallaron violentos disturbios contra los británicos. Miles de lideres independentistas fueron encarcelados, solo fueron liberados al finalizar la guerra.

La India se había vuelto ingobernable y el Imperio Británico, debido en parte a las presiones de los yanquis y a que Churchill defensor inalterable de mantener la joya de la Corona en el Imperio fue derrotado en las elecciones y tuvo que abandonar la poltrona, empezó a pensar en una retirada digna de lo que, hasta entonces, habían considerado como su finca particular.

En 1947 la retirada se materializó.

El Banco de la Reserva de la India emitió en 1992 una moneda de 1 rupia conmemorativa del Jubileo de Oro del Movimiento.

[10] GUERRA CIVIL PAKISTANÍ

Incluso antes de la partición de la India, alguna mente preclara ya había intuido que esa peregrina idea de un Pakistán con una parte occidental y otra oriental separadas por más de 2 380 kilómetros que separan Karachi de Daca, a través de un territorio hostil era una auténtica barbaridad, una entelequia.

En la resolución de Lahore se preveía dos estados de mayoría musulmana separados, uno al Occidente del subcontinente indio y el otro al este.

El primer ministro de Bengala Huseyn Shaheed Suhrawardy propuso en 1946 un Estado independiente para esa zona. Los burócratas colonialistas se opusieron. ¿Razones?.¡Ninguna!

Aunque étnicamente eran iguales, la misma raza, la misma religión, sin embargo se produjo una marginación, el país que había nacido para eliminar la marginación de una etnia o religión, ahora la practicaba.

Todo el poder se concentró en el Pakistán Occidental, el porcentaje de oficiales bengalíes en las fuerzas armadas pakistaníes era solo del 5%, cuando la población de los dos territorios era aproximadamente la misma. Solo había en las fuerzas armadas conjuntas dos unidades de pakistaníes orientales

En el Pakistán Oriental se asentó la idea de que estaban siendo económicamente explotados.

El descontento de la población se fue incrementado, se organizaron manifestaciones, orquestadas por el movimiento Mukti Bahini (luchadores por la libertad).pidiendo más auto determinación, que fueron brutalmente reprimidas por el ejército pakistaní.

La brutalidad de la represión fue tal que el líder de la Liga Awami, (nacionalistas bengalíes) el Sheikh Mujibur Rahman se vio obligado a declarar unilateralmente la independencia de Pakistán Oriental. Decisión que fue apoyada por la mayoría de la población, con la excepción de los islamistas y .Bijaris de lengua urdú que se opusieron. Era el 26 de marzo de 1971

El presidente paquistaní, Agha Muhammad Yahya Khan, tomó lo que a todas luces parecía una decisión contraproducente, poco madurada y muy arriesgada, lanzó la operación Antorcha y ordenó a su ejército reprimir la revolución.

Nombró a Tikka Khan, un oficial muy controvertido, había sido responsable de aplicar la ley marcial en el Pakistán occidental,, gobernador de Pakistán Oriental para diseñar y ejecutar las operaciones militares para sofocar la emancipación de Pakistán Oriental.

Y como a rio revuelto ganancia de pescadores, el gobierno indio no dejó escapar la oportunidad de debilitar a su enemigo.

Prestó una ayuda incondicional a los insurrectos, los equipó, los instruyó y los apoyó abiertamente en sus acciones.

La inferioridad numérica y la diferencia de armamento y entrenamiento hizo que los insurgentes rehuyeran la confrontación directa y desarrollaran una guerra de guerrillas.

La táctica consistía en enviar el mayor número posible de guerrilleros al interior de Bangladés desde campamentos situados justo en la frontera con India y con el apoyo material de ese país, los objetivos eran claros y concisos

Con incursiones y emboscadas causar el mayor daño posible al ejército pakistaní.

Sabotear centrales eléctricas, vías de ferrocarril, depósitos de almacenamiento de combustible, armas y municiones y las redes de comunicación, para provocar el caos y paralizar la actividad económica.

Minimizar al máximo la movilidad del ejercito con la voladura de puentes, trenes y embarcaciones fluviales.

La actividad guerrillera se debía ejecutar en amplias áreas del territorio para así forzarlos a diseminar sus fuerzas y hacerlas más vulnerables a los ataques guerrilleros.

Los atacantes llegaban, golpeaban y se volvían por donde habían llegado.

El país se dividió en once sectores cada uno de ellos comandado por un oficial bengalí desertor del ejército regular.

La fuerza guerrillera llegó a alcanzar los 100 000 efectivos.

El ejército pakistaní llevó a cabo una política de represión tan brutal que se estima que en los nueve meses que duró la contienda las bajas fueron de casi tres millones de personas entre civiles y militares.

La violencia también se practicó por los bengalíes contra los musulmanes y Bijaris de habla urdú, se estima que casi 150 000 personas de estas etnias fueron asesinadas.

El horror que produjo el genocidio llevado a cabo por las tropas de Tikka Khan llevó a que 6 millones de bangladesís buscaran refugio en la India y Tikka pasó a ser conocido como el Carnicero de Daca.

Su brutalidad terminó cuando fue destituido por el presidente Agha Muhammad Yahya.

Informes posteriores a la contienda aseguran que más de 3 millones de personas murieron y unos 9 millones buscaron refugio en la India.

Más de 200 000 mujeres bengalíes fueron violadas.

En 1974 en el acuerdo de Nueva Delhi, Bangladés pidió que se procesara por delitos de guerra, lesa humanidad y homicidio a 195 oficiales, de acuerdo con el derecho internacional.

La posición adoptada por el representante pakistaní fue que «lamentaba profundamente los delitos que pudieran haberse cometido». el a la sazón presidente Zulfikar Ali Bhutto se limitó a «lamentar» lo acontecido.

En el año 2002 el expresidente Pervez Musharraf, militar el mismo, solo expresó «su pesar por los excesos cometidos».

Ningunos de esos 195 oficiales fueron juzgados ni castigados y murieron tranquilamente en sus camas.

E. Larby

II EL CHANTAJE

Había tenido unos días muy complicados en la fábrica, a las tormentas de arena, que nos habían impedido un desarrollo normal de la actividad, se unió el inicio del monzón, durante días jarreó con tal intensidad que las galerías subterráneas de conducción del cableado de las instalaciones eléctricas y de instrumentación se inundaron, tuvimos que detener la producción por temor a que se produjera un corto circuito y se quemaran los motores eléctricos, sobre todo el que movía el horno horizontal que nos estaba dando, por sí solo, muchos problemas, cuando amainaron las fuertes lluvias, instalamos bombas y mangueras y conseguimos drenar las galerías y reiniciar la producción.

Las intensas lluvias debieron producir humedad en el interior de las conducciones neumáticas del cemento entre el molino de cemento y los silos de almacenaje, lo que provocó un atasco monumental en las citadas conducciones, nos llevó casi una semana solucionar el problema, pasábamos día y noche sacando el cemento acumulado en las conducciones. Nos las prometíamos muy felices cuando surgió el principal y más temido problema en una fábrica de cemento, en un lateral del horno horizontal rotatorio apareció una enorme mancha roja, síntoma de que había un problema en la protección térmica interior.

Tuvimos que parar el horno, abrirlo y esperar a que se enfriara para poder entrar a inspeccionar, una superficie de unos 6x3 metros del ladrillo refractario se había desprendido, otros seis días de parón.

Como soy de los que piensan que el jefe es el primero que tiene que dar ejemplo y estar al pie del cañón, no salí de la factoría en más de 14 días, dormitaba en el sofá de mi despacho y me hacía traer la ropa para cambiarme desde el pueblo. Dia y noche permanecía en la fábrica.

En esas condiciones de estrés físico y mental llegue ese fin de semana a Islamabad.

En la recepción me entregaron un sobre cerrado dirigido a Mr. Juanjo, reconocí la letra de Barbra y me temí lo peor, su lectura me reconfortó, solo decía: te espero en la habitación 510, pensé que se había cambiado.

Deposité mi escaso equipaje en mi habitación, me duché, me puse un shalwar kameez inmaculadamente blanco y muy bien planchado y me apresuré a encontrarme con mi amor.

Di dos toque suaves en la puerta, esa era nuestra señal, cuando se abrió la puerta no apareció ella sino un tiarrón de casi dos metros de alto y uno de ancho, pensé que en mi ansiedad por encontrarme con ella me había equivocado de habitación, iba a disculparme cuando el fulano me agarró por los hombres y me introdujo en la habitación. Allí no estaba Barbra pero si otro tiarrón displicentemente recostado contra el quicio de la puerta del cuarto de baño y al fondo al lado de la ventana un señor de aspecto venerable, que tenía una barba recortada y muy cuidada y vestía al estilo occidental.

-Encantado de conocerle señor Echevarrieta- me saludó en un español bastante bueno que me recordaba al que suelen hablar los portugueses.

-No se preocupe, está entre amigos-

Joder con los amigos, pensé, ese Mazinger Z o Robocop me ha levantado como si fuese una pluma.

-Creo que me he equivocado, venía buscado a mi novia Barbra-, he hice ademán de levantarme, dos manos que parecían ser dos pesadas losas se posaron en mis hombros y me hundieron en el sillón, el dolor de espalda fue terrible.

-Desgraciadamente Barbra se ha tenido que ausentar-

El anciano inició una, eso parecía, intrascendente charla, se interesó por el viaje, por mi trabajo, lamentó los problemas que en estos últimos días habíamos tenido y que felizmente ya estaban resueltos. ¿Cómo carajo sabe este tío los problemas que hemos tenido? Pensé, pero me guardé de expresarlo.

Parecía saber todo de mí, de mis andanzas, aventuras y desventuras, empecé a preocuparme. Sabía que tenía dos hijos, en que universidad americana estudiaba cada uno, sus nombres, sus gustos. Sabía que tenía padres que eran muy ancianos y que vivían en Cádiz, como se llamaban, la edad que tenían e incluso la fecha de nacimiento de cada uno, ,sabían que me había divorciado recientemente, sabían todo de mí y de mi familia.

Después de esta aparente charla sin sentido, entró en materia.

-Señor Echevarrieta sabemos que tiene usted muy buenas relaciones con algunos estamentos pakistanís que nos interesan, que frecuenta usted el Ibex Golf Club de Sargodha y que se relaciona con altos jefes militares y civiles-

-Está usted mal informado, yo frecuento a señores con los que juego al golf, pero no sé, ni me interesa, a que se dedican, ni sus profesiones o negocios, son compañeros de juegos-

-Pero nosotros sí sabemos quiénes son y a que se dedican-

Estaba empezando a cabrearme y le conteste de mala manera: -¿Y quién cojones son esos nosotros?-

-Nosotros somos nosotros- me contestó sin inmutarse y sin perder la compostura.

-Le queremos pedir que frecuente más a esos compañeros de partida y nos haga saber sus comentarios, lo que opinan o piensan de ese programa nuclear en que están embarcados-

-No sé de qué programa nuclear me está usted hablando- le contesté, aunque estaba al tanto de lo que se rumoreaba sobre esa central nuclear en cuyas inmediaciones había estado hacía unos escasos días, solo a título de curiosidad y para disfrutar de la vista del gigantesco y esplendido lago artificial que la mano del hombre había creado, el Chashma[1], y recrearme en la magnífica obra de ingeniería que representaba la construcción de la presa. Curiosidad profesional.

-No se pase de listo Mr. Echevarrieta, usted ha estado por la zona hace unos días. Ese programa nuclear preocupa a mucha gente-

-Sí, tuve que reconocer, hay mucha polémica, pero ¿no cree usted que dadas las precarias condiciones de suministro eléctrico del país necesitan construir una central que produzca suficiente energía y barata para cubrir sus necesidades? Yo sufro a diario esa carencia en mi fábrica donde debido a las brutales diferencias de tensión y a su frecuente caída, que nos provoca continuas interrupciones en nuestra producción.

-El mejorar la caótica situación del sistema de suministro eléctrico sería una intención muy loable, pero sabemos que la intención es muy otra-

-Y según ustedes y sus adivinos ¿cuál sería esa otra intención?. Si puede saberse, dije tratando de ser sarcástico pero .que a mí mismo me pareció ridículo.

-Pakistán quiere construir una bomba nuclear y eso no nos lo podemos permitir-

No sabía discernir si se estaba refiriendo a Israel o a la India, que me parecía eran los dos países que más podían temer de que efectivamente los pakis construyeron el mortal artefacto. Pero el tema empezaba a ponerme nervioso.

-Mire señor como se llame, no estoy, para nada, interesado en este asunto, así que si me lo permite me marcharé, no estoy por la labor de convertirme en un espía- Esta vez no hice intención de levantarme, los gorilas parecían estar al acecho.

-Mucho me temo que ya lo es-, me dijo suavemente el anciano y puso en mis manos un abultado sobre.

-Ábralo y juzgue por usted mismo-

El sobre contenía un sinfín de fotografías, Barbra y yo en la terraza del restaurante, en la piscina, besándonos y abrazándonos en la habitación, algunas imágenes subidas de tono en la cama, pero sobre todo decenas de tomas mías en la barca con la dichosa central nuclear al fondo, detalladas y cercanas fotos de las instalaciones de las torres de comunicación, sus antenas y primeros planos de los edificios principales con prioridad en el edificio que albergaría, o albergaba, el reactor.

Hasta unas fotos tomadas en casa de Pasha en la que estábamos bailando muy acaramelados.

Ante mi estupor, el anciano esgrimió una sonrisita y diciendo con una indiferencia, como si comentase va a llover, me espetó: Querido amigo, ¿qué cree usted que pensaría el terrible ISI[2] (Servicio de Inteligencia Interior) si estas fotos cayesen en sus manos?

Además, debe advertirles a sus hijos que tengan mucho cuidado, que sean muy cuidadosos, porque en los campus universitarios americanos se producen muchos tiroteos indiscriminados y dígales a sus padres que extremen las precauciones con las bombonas de gas butano, se suelen producir muchos incendios en viviendas ocupadas por ancianos. El mensaje no podía ser más claro y sibilino.

Sabían más de mi vida de lo que hubiese podido imaginar.

Me quedé sin palabras, anonadado, había sido objeto de una burda trampa y había picado como un inocente pececillo, me percaté de que había estado haciendo el «percebe» y me habían estado manipulando como a un idiota. Ahora me estaban chantajeando y amenazando.

Me instruyeron sobre cómo debía actuar, a quien frecuentar y que debía preguntar, me aconsejaron frecuentar más los club sociales y que alguien me contactaría. Me dijeron como saber si me estaban siguiendo y a distinguir a los seguidores, me pasé todo el fin de semana en aquella maldita habitación.

Me dieron una contraseña, que me parecía ridícula, pero que tuve que aceptar.

Una persona se dirigirá a usted y dirá: «Desgraciadamente los cerezos no florecen en Pakistán» y usted responderá «¿Cómo dice?, «Digo que desgraciadamente los cerezos no florecen en Pakistán» y usted debe responder «Pero si lo hacen las mangiferas».

EL CONTACTO

Me encontraba en la zona de prácticas del campo de golf, intentaba mejorar mi swing, cosa que me parecía imposible, pero como soy muy cabezón, muy insistente, lo intentaba una y otra vez.

Estaba tan absorto en mi tarea que me sorprendí cuando oí una voz femenina que decía, ¡lo está haciendo muy bien!.

Me encontré con la cálida sonrisa de una mujer joven, esbelta y muy elegante, estaría en sus primeros treinta, vistiendo un apretado niqui blanco de manga corta que marcaba claramente sus senos firmes y levantados, y un pantalón corto, para mi gusto demasiado corto, que dejaban al aire sus bien moldeadas piernas, piel color ligeramente cobrizo y ojos vivaces y saltarines. La mirada de sus ojos verdes esmeralda era inquisitiva, penetrante. Se notaba que era muy observadora.

La joven se acercó y en un gesto inusual en las mujeres de religión islámica me alargó la mano en un cordial saludo, como me vio reticente a ello, me dijo con toda naturalidad: «no tengo inconveniente o remilgos en estrechar la mano de un hombre». Me gustó esta franqueza y sobre todo su atrevimiento a hacer públicamente un gesto por el que sería duramente criticada por las demás mujeres, que nos observaban en la distancia, prestas a .despellejar a esa atrevida y descocada jovencita. ¡Qué descarada, qué desvergonzada atreverse a abordar a un hombre y charlar con él!, estas jovencitas de hoy en día han perdido el decoro y transgreden las leyes islámicas.

Estábamos charlando distendidamente sobre golpes, hándicaps y las peculiaridades del campo cuando observé a un señor, ya mayor, diría que estaba muy cerca de los setenta que nos miraba muy atentamente.

-Me parece que a su padre no le gusta demasiado verla intimar conmigo-

Ella giró su cabeza hacia el lugar que le indicaba y soltó una espontanea carcajada. -¿Aquel señor de pelo blanco y gesto adusto?, no es mi padre, es el vicemariscal del aire Sir Ahmed Fakri y aunque no lo parezca es mi marido-.

-Me temo que estoy corriendo un serio peligro, porque parece muy celoso-

-No se preocupe, él acepta que yo socialice, en el buen sentido, con otros hombres, algún día le contaré una historia que le tranquilizará, que le parece si me acompaña y hacemos unos hoyos, yo sola no me atrevo porque por aquí, aunque no lo parezca y ocultos en su exquisitez, hay mucho depravado que ven a una mujer sola en un sitio solitario y no dudan en agredirla, vayamos y te presento a mi esposo-

-Darling dijo con una encantadora sonrisa y acariciando la mejilla del anciano, te presento a, ¡caramba si no nos hemos presentado!, ¿cómo te llamas?, Juan José, pero mis amigos me llaman Juanjo, ¿ese es tu nombre?, pero tendrás un apellido, no te vamos a llamar Mr. Juanjo, así es como me llaman en mi trabajo porque Echevarrieta les resulta imposible de pronunciar. Yo me llamo Fátima señora de Fakri.

Después de las cortesías de rigor, ella se dirigió dulcemente a su esposo y le dijo: Darling We're going to play a few holes, you don't care, right?.

Aunque aquello no sonaba a petición de permiso, el gesto y el tono de voz mostraban lo contrario, era una afirmación, una información, quedaba meridianamente claro que el vicemariscal llevaría los galones en la base pero en aquel matrimonio la que los ostentaba era ella.

Estábamos en el green del cuarto hoyo, ocultos a las indiscretas miradas de los curiosos que pululaban por el club, cuando se acercó y pronunció las palabras que yo no esperaba: «Desgraciadamente los cerezos no florecen en Pakistán».

Me sentí a la vez sorprendido y encantado de tener a esa belleza de contacto, aunque solo fuese platónicamente disfrutaría de una compañía agradable.

-A partir de ahora tendrás que pasar los fines de semana en Lahore, se supone que has tenido una decepción amorosa y volver al Marriot no te satisface, te hospedaras en el Avari, allí te contactará alguien que te aconsejará visitar una mezquita y te indicara día y hora para la comunicación-.

-Mi marido y toda la fuerza aérea paki, había un evidente tono despectivo al emplear este adjetivo, están esperando ilusionadas y expectantes a que se cumpla la promesa de los yanquis de entregarles un aparato de esos invisibles e indetectables al radar, no recuerdo su nombre-

-He leído algo sobre ese aparato, es el Lockheed SR-71 al que denominan Blackbird, un avión de reconocimiento, un bombardero capaz de burlar las instalaciones de detección de cualquier país, vuela a velocidad Mach 3 y en caso necesario podría transportar un artefacto atómico. -¿Pero porqué se van a comprometer los yanquis a transferir uno esos aparatos a Pakistán?-.

-Los Estados Unidos tienen algunas deudas pendientes con los pakis y ahora estos las han presentado al cobro-

-¿Tan onerosas son esas deudas pendientes?-.

-Durante los años más calientes de la guerra fría los norteamericanos llevaron a cabo vuelos de reconocimiento sobre la Unión Soviético, muchos de esos vuelos despegaban de aeropuertos pakistanís, atravesaban todo el territorio soviético hasta salir en dirección a Escocia, y viceversa-.

-Creo recordar que en uno de esos vuelos, que hasta la fecha habían salido impunes el U-2 fue derribado y su piloto fue hecho prisionero.-

-Fue un cúmulo de circunstancias, a la mejora en el alcance de los cohetes soviéticos se unió que alguien, nunca se llegó a descubrir quien, había colocado en el aparato un transmisor que permitió al sistema de defensa soviético localizar al aparato y derribarlo.

-Si los comunistas hubiesen descubierto este conchaveo, nadie puede imaginar lo peligroso que hubiese resultado para Pakistán-

-La otra factura fue permitir que el secretario de estado Henry Kissinger utilizase, durante una visita de estado a Pakistán, el avión presidencial paki para evitar que la opinión pública mundial tuviese conocimiento de su visita furtiva a la China de Mao para negociar el acuerdo de restablecer las relaciones diplomáticas entre los dos colosos-.

-Por otro lado, este avión, a ojos de los americanos está obsoleto y ya están trabajando en otro modelo más sofisticado si cabe, es el proyecto LRS-B (Long Rank Strike Bomber). Están probando un modelo de avión más sigiloso y con mayor alcance, capaz de transportar bombas nucleares-.

-¿Y para que suponen los yanquis que quieren los pakis, como los llama, este aparato, no será para algo tan peligroso como bombardear a su secular enemigo la India?-

-Eso es lo que sospechan nuestros amigos y eso es lo que piensan los halcones de la aviación pakistaní, entre ellos ese afable individuo que le he presentado-.

-Tiene que trasladar esta información, este fin de semana hospédate en el Avari y espera instrucciones, alguien te contactará-. Había pasado al tuteo como si nos conociéramos de toda la vida

Si al principio de esta odisea estaba muy renuente a hacer este tipo de acción, ahora creía que era mi deber colaborar, en la medida de mis fuerzas, a evitar tamaño despropósito.

Me preguntaba: ¿Acaso piensan estos potenciales asesinos que la onda expansiva no les iba alcanzar a ellos mismos y a sus familias y que aunque ellos golpearan primero, la India reaccionara y también arrojaría su bomba?. ¿No se percataban de que un conflicto nuclear acabaría destruyendo este subcontinente? Todo me parecía tan increíble, tan inimaginable que llegue a pensar que todo había sido una pesadilla.

Siempre he sido muy enamoradizo y la relación con Fátima hacía que mi libido se disparara, pero sabía que me movía en arenas movedizas y procuraba embridar mis deseos, me mostraba cortés y respetuoso con ella aunque a veces le soltaba alguna frase insinuante, como :Está usted tan atractiva y elegante como siempre, o el color de ese niqui le sienta muy bien. Notaba que le gustaban mis lisonjas, pero yo no pasaba de eso, pura cortesía, no estaba el horno para bollos.

Pero el entorno hacía que echara en falta ese aliciente de la vida que es el coqueteo, esas florituras dialécticas que te van enseñando si avanzas en tu plan de conquista o no.

Siempre he pensado que aparte del sentido de insinuación es un buen ejercicio de agilidad mental.

Llevaba muchos meses no solo sin hacer el amor sino sin ver a una mujer, salvo cuando estaba en la piscina del Marriot, por lo que mis hormonas se estaba acumulando. Algunas noches tenía fantasías sexuales con Fátima de protagonista, me despertaba a medianoche, bañado en sudor y excitado, me tenía que dar un baño de agua fría para poder volver a dormir.

Cuando me encontraba con ella en el club de golf, no me atrevía a mirarla, me daba vergüenza, pensaba que leía mis sueños.

LA CONSIGNA

Siguiendo las instrucciones de Fátima ese fin de semana viajé a Lahore, estaba en la piscina cuando el camarero que ya me conocía de mis estancias anteriores, me susurró, -Mr. Juanjo le sugeriría que esta tarde a las cinco en punto visitase la Mezquita Badshahi-.

-Allí hay una atracción turística muy curiosa,, es un hueco en una de las paredes desde donde se puede escuchar a otra persona que está en la otra esquina del recinto-.

-¿Y cómo se yo que habrá otra persona en el otro punto, y si hay gente y no puedo acercarme?-

-No habrá nadie, uno de nuestros hombres se asegurará de ello, usted transmita la información después de verificar la contraseña, recibirá instrucciones que luego usted me transmitirá a mí.

La respuesta a mi información fue tajante ¡hay que neutralizar ese aparato!

Regresé al hotel dando vueltas a mi cabeza, como puñetas podía yo neutralizar a ese monstruo volante.

Estaba en la piscina cavilando como salir del embrollo en que me había metido, cuando se me acercó el camarero y me entregó un sobre, léalo en su habitación y luego quémelo y arrójelo por el inodoro.

La instrucción era una orden imperiosa ¡hay que destruir el aparato!, haga que el vicemariscal le invite a visitar la base y que le presente a los tres mecánicos norteamericanos responsables del mantenimiento de los aviones. Tiene que reclutar a uno de ellos para sabotear de alguna manera el vuelo del SR-71.

EL PARTY

Conseguí, bueno fue Fátima quien lo convenció, que el anciano mariscal me invitará a una visita de cortesía a la base, muy amablemente puso a mi servicio a un joven teniente que me serviría de guía, visité todos los rincones de esa inmensa e importante base, saludé a los mecánicos y muy de pasada les dije que si un día les apetecía hacer una visita a la fábrica que estaría encantado de recibirles. Que tenía un chivas imperial esperándoles

Había lanzado el anzuelo, ahora había que esperar que los peces lo mordieran. Y lo hicieron, la perspectiva de que ellos y sus esposas pasaran un día fuera de la base y degustar un buen güisqui les había hecho morder el anzuelo.

Me habían proporcionado un amplio informe sobre cada uno de ellos, y el más jovencito parecía el más vulnerable. Tenía una jovencísima esposa, de unos 18 años y que soñaba con convertirse en una modelo de fama mundial. La verdad es que la niña lucía esplendida, parecía poseer todos los atributos necesarios para triunfar en ese proceloso mundo. Alta, delgada, rubia, con una cara de niña ingenua, bien proporcionada, simpática y con buena educación, aunque me parecía un poco simple, no daba muestras de ser demasiado inteligente. Lo que, al parecer, en esa profesión más que un hándicap es una «cualidad» que se valora mucho.

Fátima me había asesorado sobre ese tema, me había referido las medidas y cualidades que debía tener una modelo, debía tener un busto de entre 88 y 90 centímetros, las caderas tendrían que estar en el rango de 80 a 92 centímetros y su cintura entre los 60 y 65, su altura no podía exceder el 1,75 metros y no ser inferior a 1,70, apariencia saludable, piel sin manchas y colorida, una imagen vitalista, dientes blancos y bien alineados.

A todos estos atributos la jovencita añadía unos ojos de un color azul marino muy intenso y una larga y muy cuidada cabellera rubia que le llegaba hasta la cintura. Tenía todo para triunfar, solo le faltaba una cosa. ¡DINERO!

Tendrían que vivir en Londres por un tiempo que no podían calcular, hospedándose en un buen hotel, visitando agencias, haciendo videos promocionales y asistiendo a todo tipo de saraos y fiestas.

Para no despertar sospechas, hice un pequeño aparte con cada uno de ellos paseando por los amplios jardines de la casa de invitados (guest house) que teníamos adyacente a las instalaciones fabriles.

Le hable de la favorable impresión que me había causado su esposa y le enfaticé que estaba seguro de que vería cumplido su sueño de ser una modelo de fama mundial.

El joven sonreía satisfecho de mis lisonjas a su esposa pero con sonrisa triste decía: ¡pero no tenemos el dinero suficiente, aquí gano mucho, pero no es suficiente y hace falta mucho, muchísimo dinero.

¿Cómo cuanto calculas? Pregunté.

-Pues yo calculo que sobre un millón de dólares-

¿Y, hipotéticamente, si alguien te ofreciera ese millón que serias capaz de hacer para conseguirlo?

-Mr. Juanjo, estoy tan enamorado de mi mujer y deseo tanto que ella sea feliz y alcance su sueño que sería capaz hasta de matar, haría lo que fuera necesario-.

Ya sabía el precio, ahora había que trasladarlo a Fátima o a quien fuera y que decidieran, la pieza parecía presta a ser cobrada.

El dilema era como neutralizar el aparato sin que el joven fuera descubierto y por ende pusiera en grave riesgo mi vida.

Pensé en la visita a la base, tratando de descubrir algún punto débil en su organización y de pronto se hizo la luz en mi cerebro, me vino a la memoria lo que me contó Fátima del localizador por el que derribaron al U-2.

Ahí estaba la solución, que el joven mecánico instalara en el avión invisible un GPS, con lo que dejaría de ser invisible y podría ser abatido.

Donde conseguirlo sería problema de los que me chantajeaban, que aunque sospechaba quien podía ser no tenía pruebas fehacientes.

LA FAMILIA FAKRI

La indeseada situación que estaba viviendo, tan ajena a mi profesión y a mis deseos, me hacía estar constantemente con el alma en vilo.

Me sentía vigilado, agobiado, observado, si alguien me miraba pensaba que me estaba escrutando, tratando de leer mi mente. Me parecía que todo el mundo sabía que era un espía, sospechaba de todos y de todo, no tenía dudas de que me estaba convirtiendo en un paranoico, empecé a pensar que me estaba volviendo demente, temí por mi estabilidad mental.

Si leía o escuchaba en las noticias algo sobre un tiroteo en el campus de una universidad americana, cosa demasiado frecuente, el corazón me daba un vuelco, tenía que indagar inmediatamente en que universidad había ocurrido, como todavía no proliferaban los telefónicos móviles ni había WhatsApp enviaba un fax a mis hijos preguntándoles si estaban bien.

Tenía pesadillas, siempre las mismas ,veía a un tío con turbante que me decía: «Tus hijos han sido alcanzados por un tirador anónimo, han fallecido», me despertaba bañado en un sudor frio, no podía volver a dormir, algunas noches no quería cerrar los ojos y me mantenía en vela hasta la hora de ir a trabajar.

Fátima, con la que estaba transgrediendo todas las instrucciones que me habían dado de no intimar, de no sincerarme con nadie, era mi paño de lágrimas.

Ella me consolaba y me animaba, a ella también le estaba pasando factura la labor de espiar.

Un día durante una de nuestras partidas de golf, entre golpe y golpe, se sinceró, a ella también la habían chantajeado.

LA SAGA DE LOS FAKRI

El vicemariscal del aire Javed Fakri era miembro de una poderosa familia del Punjab, su padre Sir Malik Fakri había sido un importante miembro del gabinete hindú durante la segunda guerra mundial, y al producirse la separación de la India, en la que tuvo una intensa actividad, se convirtió en ministro de defensa de la neonata Pakistán, ministro de Asuntos exteriores y aspirante a la Presidencia del país. Había sido galardonado por el gobierno de su Majestad con las más altas distinciones británicas como las BCSI, BCEI, OSJT.

Había tenido cuatro esposas con las que tuvo veinte hijos y unos de los últimos era el ahora vicemariscal Javed Fakri.

Este Fakri parecía que no tenía el furor procreador de su padre, lo habían casado, en contra de su voluntad de permanecer soltero, con una prima suya un poco mayor que él.

Hay que recordar que en la sociedad pakistaní los casamientos los consensuan los padres y es obligatorio que sea entre miembros de la misma familia, primos con primas y viceversa.

La noche de bodas, como es tradicional, la aya de la recién casada tiene que mostrar a la concurrencia femenina que el matrimonio se ha consumado mostrando un trozo de tejido manchado con la sangre provocada por el desfloramiento.

La aya se las ingenió para hacerse un corte en el muslo derecho e impregnar el lienzo con su propia sangre. Las comadres, que esperaban ansiosas las buenas nuevas, profirieron gritos de júbilo cuando les mostró la pieza ensangrentada.

Este término, desfloración, proviene de que el himen es una membrana que se localiza en la vagina y al que se llama flor, al ser penetrada por el pene del hombre se rompe y sangra.

La realidad escondida era que el futuro vicemariscal del aire, ni se acercó al lecho conyugal, bien es verdad es que esta era fea, gorda y sucia, pero el motivo real era que al joven Javed no le gustaban las mujeres.

Ni esa noche ni nunca cumplió con las exigencias de su contrato matrimonial que estipulaba que el matrimonio dormiría juntos dos veces por semana.

Después de unos meses de casados, la joven esposa apareció muerta en su habitación, presuntamente se había suicidado. Cuando se trata de familias poderosas la policía siempre acepta la versión familiar, el diagnostico fue una profundísima depresión nerviosa al considerarse infértil.

Lo volvieron a casar y el episodio se repitió.

Permaneció unos años soltero, pero en la sociedad pakistaní y sobre todo en sus fuerzas armadas un soltero es motivo de sospecha y sobre todo tiene muchas dificultades e inconvenientes para ascender.

Fátima que había estudiado psiquiatría en la más reputada universidad americana en esta disciplina, la Universidad de Harvard y se había impregnado de las costumbres americanas de ir directa al grano decidió tomar cartas en el asunto. Los temas de familia se solucionan en familia, una especie de omertá oriental.

Un día que se sintió inspirada cogió del brazo a su primo, el futuro vicemariscal y se lo llevó a dar un paseo por el amplio jardín de la casa patriarcal.

Sin rodeos después de unos minutos de charla intrascendente fue directa al grano.

-Mi querido primo Javed, ¿Por qué no te has vuelto a casar, después de tantos años?.

-No me apetece, me gusta mi soltería, soy libre de hacer lo que me plazca-

-¿Pero eso no te está perjudicando en tu carrera militar?, llevas muchos años como capitán de grupo y por tu antigüedad ya deberías ser sino vicemariscal si al menos general de brigada.

-Es que no os soporto, no me siento a gusto con vosotras, siento una repulsa a tocaros incluso a miraros-

-Te voy a hacer una pregunta, que te parecerá dura y quizás inapropiada viniendo de una mujer, y que puedes no contestar si así lo deseas. ¿Te gustan los hombres, verdad? Hay muchos rumores de que te han visto, demasiado a menudo, con jovencitos, algunos de tus subordinados más jóvenes han hablado de ciertas insinuaciones tuyas-.

-Él bajó la cabeza y susurró tienes razón, ¿cómo lo has adivinado?-

-Primo olvidas que he estudiado psiquiatría en la mejor universidad del mundo-.

-¿Qué vas a hacer, si lo propagas se acabará no solo mi carrera militar sino mi vida particular, ya sabes que en nuestro país la homosexualidad es castigada con la muerte-.

-Lo sé y como los trapos sucios se lavan en familia, te voy a proponer una cosa que quizás te parezca una locura pero que te ayudará, yo no tengo interés alguno en casarme con uno de mis primos, diría que no tengo interés en casarme, soy demasiado independiente para depender de un hombre y sobre todo de un pakistaní, y no creas que soy lesbiana, me gustan los hombres y he tenido alguna relación con mis compañeros de universidad, he mantenido mi virginidad pero he tenido algunos arrumacos con hombres-.

-Te propongo que nos casemos, tu salvas tu reputación y yo me libro de las presiones de la familia que piensan que a mis 28 años ya debería estar casada y con una caterva de mocosos-.

-Al fin y al cabo somos primos y estamos cumpliendo con el ancestral rito de casar a primos aunque se lleven veinte o treinta años de diferencia-.

A partir de esta ficticia unión la carrera del ahora vicemariscal se había visto catapultada como impulsada por un cohete.

Fátima, al igual que había ocurrido conmigo tenía esta espada de Damocles pendiente de su cabeza, aunque sus ideas políticas, contrarias a la deriva dictatorial que sufría su país la inclinaban a tratar de evitarlo contribuyendo a desarticular esa tendencia a la belicosidad de los actuales dirigentes. Y sobre todo a tratar de evitar otro conflicto más entre los dos países, un conflicto que si alguien no lo evitaba podría devenir en atómico.

Tuvo que acceder al chantaje, si la información salía a la luz, ella podría ser acusada por la autoridades militares de encubridora, El asunto significaría un desprestigio para las PAF (Pakistán Air Forces) y para su familia podía suponer la confiscación de sus tierras y propiedades. El escándalo a nivel nacional cobraría proporciones incalculables

De alguna manera aunque forzada pensaba que lo hacía por el bien de su país, yo lo hacía por miedo.

Ahora teníamos algo que nos unía, algo en común las mismas ansías de salir cuanto antes del embrollo en que estábamos metidos, tendríamos que trabajar juntos para evadirnos, escaparnos, de la pesadilla en que se había convertido nuestras vidas. Comenzamos a pensar cómo hacerlo.

[1] *PRESA CHASHMA Y COMPLEJO DE ENERGÍA NUCLEAR*

La presa Chashma está situada a 30 km. de Mianwali y a 207 de Islamabad, en el rio Indo a 50 km. corriente abajo de la presa Jinnah, en principio fue diseñada para abastecer de agua a los canales de riego CJ link y Chashma. Que a su vez bombean el agua a su paso por los núcleos de población campesina.

Dado que el Punyab es básicamente una inmensa planicie, el sistema de riego es muy primitivo, los campesinos excavan surcos, en la tierra y abriendo o cerrando el flujo de agua con la propia tierra efectúan el riego de sus propiedades o explotaciones.

PLAN HIDROGRÁFICO

El gobierno pakistaní puso en marcha un ambicioso plan hidrográfico para la cuenca del rio Indo

Los objetivos del plan eran:

Reducción de la dependencia de la energía térmica para la generación de electricidad.

Una sustancial rebaja de la factura energética reduciendo la importación de petróleo y el consiguiente ahorro de divisas.

Crear puestos de trabajo, no solo durante el periodo de ejecución de los proyectos la construcción sino también en la operación y mantenimiento de las instalaciones.

Mejorar el nivel de vida de los aldeanos y de su infraestructura.

Mejora socio económica de las zonas irrigadas con el incremento del terreno cultivable.

El plan preveía que unos 2 430 millones de km2 de terreno serían incorporados a la superficie productiva del país, de los que 1 238 millones sería en la NWFP (North West Frontier Province) y otros 1 192 en el Punyab.

Entre las seis estructuras fluviales previstas se encontraba quizás el proyecto más ambicioso, la construcción de la presa Chashma.

LA PRESA CHASHMA

Ubicada en el rio Indo a 56 km aguas debajo de la presa Jinnah y a unos 200 km de Islamabad, tiene una longitud de 1 084 metros y una capacidad de almacenaje de 0,870 MAF [1.1,] que se ha visto reducida por mor de la sedimentación a 0,3482 MAF, con una capacidad de descarga de 950 000 cusecs [1.2,] por lo que está dotada de dos canales de distribución situados a ambos márgenes.

El lago creado por la construcción de la presa abarca una extensión de unos 360 km^2

Las obras duraron cuatro años desde febrero de 1967 hasta marzo de 1971.

Fue diseñada para alimentar a dos canales de irrigación uno situado em su margen derecha, el CRBC, y otro en su margen izquierda el CJ-Link, como aliviadero ha sido dotada de 52 compuertas de 18 metros de ancho.

Como su cometido era aumentar la superficie de tierra cultivable no fue hasta 2001 que no se construyó una planta generadora de energía eléctrica.

EL CANAL CJ-Link

Está ubicado en la margen izquierda y lleva el líquido elemento desde la reserva hasta el rio Jehlum, está construido en tierra sin revestir y tiene una longitud de 102 kilómetros y una profundidad de unos 4,3 metros, un lecho de 115 metros de ancho., lo que le otorga una capacidad de transportar unos 600 000 litros por segundo.

Su construcción se realizó entre 1967 y 1971

Los terrenos expropiados fueron de unos 48 000 km^2

EL CANAL CRBC

Situado en la margen derecha de la presa tiene una longitud de 274 kilómetros y conduce el agua hasta la presa de Taunsa en el rio Indo.

Construido con la misma técnica que el CJ-Link tiene una extensión de 174 kilómetros y un caudal de 230 000 litros

Del conjunto de los canales salen 76 distribuidores a ras de tierra que se extienden a lo largo de 1 065 kilómetros y permite la irrigación de unos 2 400 km^2 de terrenos situados entre los ríos Indo y Jehlum

LA CENTRAL ELÉCTRICA

La demanda de energía eléctrica del país se iba incrementando de manera exponencial año tras año. Y el alza del precio de los recursos fósiles lo hacía de igual o mayor forma.

Las autoridades decidieron iniciar la construcción de centrales hidroeléctricas, y Chashma era el lugar más adecuado para instalar una de estas centrales hidrográficas.

Se la dotó de 8 generadores de 23 MW cada lo que le permite generar un total de 184MW, el voltaje terminal es de 11 KV.

El ambicioso proyecto contó con la ayuda financiera del Banco Mundial y las aportaciones de países como Australia, Canadá, Alemania, Nueva Zelanda, el Reino Unido y los Estados Unidos,

1.1 MAF (Million Acres Feet)

Un MAF sería el equivalente a excavar a una profundidad de 0, 305 metros una superficie de 2 590 km^2 y llenarla de agua, para lo que necesitaríamos un millón de millones de litros (1 000 000 000 000).

El MAF es la unidad de medida en los temas de impacto ambiental y del agua como:

Capacidad de los embalses.

Determinación del uso del agua para la agricultura, el consumo humano y el industrial.

Evaluación de los periodos de sequía y la cantidad de agua que sería requerida para aliviarla.

Comprensión del volumen de los ríos en época de inundaciones.

Gestión de los flujos ambientales para determinar las cantidades requeridas para mantener los humedales y la vida de las aves acuáticas y migratorias.

1.2 CUSECS

Un cusecs es equivalente a 28,75 litros

COMPLEJO NUCLEAR

El Complejo Nuclear de Chashma consta de cuatro generadores nucleares de energía para uso industrial y doméstico a los que en el futuro se integrará un quinto

El plan nuclear pakistaní tuvo su comienzo cuando la PAEC (Comisión de Energía Atómica de Pakistán) decidió construir una central nuclear en las inmediaciones del lago Chashma, que tendría una capacidad de 900 MW y requeriría una inversión de 1 200 millones de dólares americanos.

El proyecto estuvo plagado de dificultades, sobre todo a partir de 1974 cuando India deflagró su primer artefacto atómico en la operación Buda Sonriente

Francia que era el país que suministraría el reactor y el uranio enriquecido, presionada por las potencias nucleares, que albergaban serias dudas de que la construcción de la central pakistaní no sería solo para fines comerciales se mostraba renuente a cumplir el acuerdo firmado entre ambos países. .

En 1976 el a la sazón primer ministro de Pakistán Zulfikar Alí Bhutto firmó un acuerdo por el que la planta operaria bajo la supervisión de la OIEA (Organización Internacional de la Energía Atómica).

En 1992 Pakistán y China firmaron un acuerdo por el que la CNNCH (Corporación Nuclear Nacional de China) suministraría el reactor y supervisaría los trabajos de construcción

Salvadas, teóricamente, las reticencias se iniciaron, en 1993, los trabajos de la que sería conocida como CHASNUPP-I.

En 1998 Pakistán explosiono su artefacto nuclear.

En el año 2 000 la central se unió al sistema de red eléctrica nacional pakistaní

En 2004 la CNNCH recibió el encargo de construir una segunda unidad y en abril de 2009 le fueron encomendados dos nuevos reactores. La ingeniería fue desarrollada por el Instituto de Investigación y diseño de Shanghái con una inversión estimada de 2 370 millones de dólares.

La construcción del segundo reactor comenzó en 2006 se tornó operacional en 2011. Se le llamó CHASNUPP- II

La construcción del tercer y cuarto CHASNUPP comenzó en 2011 y 2017 respectivamente y entraron en funcionamiento en 2016 y 2021 respectivamente.

En 2023 el primer ministro Shahbaz Sharif puso la primera piedra de la unidad 5 del complejo nuclear pakistaní, en nuevo reactor tendrá una capacidad de 1 200 MW

2 EL ISI

En 1948 y tras el desastre que supuso, a nivel de información, la descoordinación entre la Marina, el Ejército y la Fuerza Aérea en la primera guerra indo pakistaní de 1947, el gobierno decidió unificar en uno solo los diferentes servicios de inteligencia militar del país y nació el ISI (Dirección de Inteligencia Inter-Servicios).

Su ámbito de acción excluía su acción en el interior salvo en la frontera del Noroeste y el disputado territorio de Cachemira[3]

Proteger los intereses y la seguridad nacional de cualquier amenaza proveniente del exterior.

Seguimiento de todo lo que acontezca en el ámbito político y militar en los países limítrofes que puedan significar una amenaza a la seguridad del país

Centralizar y coordinar los servicios de los servicios de inteligencia de las tres ramas militares..

Cuando a finales de la década de los 50 el General Ayub Khan fue nombrado presidente del país, el rol del ISI cambió, le fueron asignados nuevos objetivos

No conviene perder de vista que el general Ayub Khan llegó al poder merced a un golpe de estado.

Proteger los intereses nacionales de cualquier amenaza externa o interna.

Y el más grave y peligroso de todos a efecto de transparencia y democracia fue:

Vigilar y controlar a los mandos militares, a los extranjeros, residentes o visitantes, monitorizar los medios de comunicación y dirigentes de partidos políticos, disidentes políticos, diplomáticos extranjeros acreditados en Pakistán y a los pakistaníes destacados en el extranjero.

En definitiva, mantener un estricto control sobre todo bicho viviente, el preámbulo a una férrea dictadura.

Formado principalmente por personal proveniente de las fuerzas armadas, su director es un general de tres estrellas dependiente del jefe de estado mayor y del primer ministro.

El principal y prácticamente único campo de actuación del ISI era el archi enemigo de Pakistán, la India.

En la década de los 50, en plena guerra fría, el país se alió con los países occidentales en su lucha contra el comunismo, este alineamiento supuso una inyección considerable de fondos, ayuda militar y entrenamiento para las fuerzas armadas pakistanís y para el ISI.

En el recién creado estado pakistaní, compuesto por una amalgama de tribus, grupos étnicos diferentes y dos tendencias religiosas, los sunitas y los chiitas, con unas fronteras artificiales, un país separado 2 300 kilómetros entre su zona oriental y la occidental, Pakistán Oriental que devino posteriormente en Bangladesh y el hegemónico Pakistán Occidental, las tensiones internas y los movimientos separatistas no tardaron en aflorar.

El ISI jugó un papel preponderante en la represión de todos estos movimientos, vigiló, coaccionó, se infiltró y compró muchas voluntades, para mantener un estado con voluntad centralista y controladora.

Con la llegada al poder, en julio de 1977 del siniestro general golpista Zia-ul-Haq su control sobre la sociedad se incrementó, el partido comunista fue puesto bajo estricta y continua vigilancia, y tras la revolución iraní, los chiitas pasaron a ser enemigos potenciales, el *partido del depuesto, y ejecutado, Zulfikar Ali Bhutto, el PPP (Partido del Pueblo Pakistaní) fue vigilado y sus miembros monitorizados.*

Su periodo de mayor esplendor les llegó con la invasión rusa de Afganistán por el ejército rojo .en diciembre de 1978.

La guerra fría entre las dos superpotencias se encontraba en su punto más álgido y los norteamericanos, con la CIA como punta de lanza, no ban a perder la oportunidad de debilitar a su enemigo.

La agencia americana lanzó la operación Ciclón[4] y el ISI era una pieza imprescindible en el tablero de ajedrez para la partida que estaba a punto de comenzar.

Se potenciaron las capacidades del ISI para las acciones encubiertas, se creó la sección especial afgana. Miembros del servicio recibieron entrenamiento en los campos de adiestramiento de la CIA en los Estados Unidos, y expertos de la CIA en acciones encubiertas se incorporaron al ISI para entrenarlos y coordinar sus acciones contra los invasores. Gentes del ISI tomaron parte activa, con los Muyahidín afganos, en acciones directas.

La operación movió una ingente cantidad de dólares, armas y municiones en ayuda a los luchadores afganos, ayuda que fue canalizada a través del ISI. Mucha de esta ayuda nunca llegó a su destino.

Pero lo más importante de este asunto fue el secretismo con que el ISI llevó a cabo su misión, el ejército pakistaní fue mantenido al margen, nunca tuvo, o no quiso, tener conocimiento de la participación del ISI en el conflicto.

Este tsunami de dólares llevó a la construcción de cientos de madrasas (escuelas religiosas) a lo largo de la frontera donde se aleccionaba a los miles de voluntarios provenientes de Pakistán y de todo el mundo islámico y que se convertirían, con el paso del tiempo, en los extremistas religiosos, los tristemente famosos talibanes.

Esta etapa de su existencia resulto muy fructífera para el ISI, esta experiencia le permitió perfeccionar sus habilidades para llevar a cabo operaciones encubiertas, a la vez que le permitía disponer de recursos humanos adicionales.

Ambos activos serían empleados a fondo contra su enemigo, la India.

Una de las más espectaculares acciones fue en Bombay[5] en 2008

ORGANIZACIÓN TERRORISTA

Cuando el presidente Bush hijo, después de los atentados del 11 de septiembre de 2001 contra las torres gemelas de Nueva York y el Pentágono, lanzó su guerra contra el terrorismo, se suponía que el ISI y las autoridades pakistanís se alinearían con los países occidentales. Y a pesar de todas las promesas y declaraciones formales de que Pakistán abrazaba la causa y que deseaba colaborar, no parce que haya cumplido sus compromisos, sino más bien lo contrario.

Muchas de las acciones planificadas contra los talibanes eran abortadas por las filtraciones del ISI, de hecho la operación Gerónimo, que acabó con la vida del terrorista más buscado por la CIA, Osama bin Laden, se hizo al margen de las autoridades pakistaníes.

La tensión ha llegado a tal extremo que el ISI ha detenido y encarcelado a cuatro presuntos espías de la CIA en el país.

La CIA es consciente que desde que se produjo la violación del espacio aéreo pakistaní por el comando que ejecutó al terrorista, el ISI se ha enfrascado en la tarea de sacar a la luz a presuntos informantes de los norteamericanos mientras se muestra muy laxo en hacer lo mismo con simpatizantes talibanes o miembros de al-Qaeda que pululan libremente por todo el territorio.

Las autoridades se declaran consternados por estas acusaciones argumentando que han hecho grandes sacrificios en esta lucha.

Fuentes del FBI han declarado públicamente que el ISI promueve e incentiva las acciones terroristas en Cachemira y en la India.

Y en pleno conflicto afgano, el presidente Zia-ul-Haq lanzó la Operación Túpac[6], con el que pretendía la liberación de la disputada región de Cachemira, de alguna forma quería resarcirse de su fracasada operación Gibraltar[7] lanzada con anterioridad con el mismo propósito allá en el año 1965 por el presidente Ayub Khan en 1965.

El ISI coordinó a los diferentes grupúsculos que operaban en el territorio en disputa, se llegó a estimar que habría unos 10 000 individuos, armados y dispuestos a combatir para conseguir la integración de esta región en Pakistán contra los que pretendían que el territorio se independizara.

Un alto cargo de la administración norte americana ha llegado a catalogar al ISI como una organización terrorista.

3 CACHEMIRA

Lo que comenzó siendo básicamente una disputa territorial ha devenido con el transcurrir de los años y el increíble desarrollo de las técnicas de construcción en una serio problema geopolítico, que tiene pocos visos de ser solucionado y que incluso augura más agudas confrontaciones.

La independencia de la India de la tutela británica trajo a su vez la partición de la nación en dos estados que a la larga se mostraron incompatibles, por una parte el Pakistán musulmán y por el otro la India de religión predominantemente hinduista.

Si la asignación de los más de 500 principados (marajás) a uno u otro país ya fue una tarea complicada, el tema de Cachemira aun fue más complicado.

La población del territorio era, y sigue siendo, mayoritariamente musulmana, y por el acuerdo de división, debería haberse integrado en Pakistán, pero su gobernante era hindú y tiene frontera con tres países, China, India y Pakistán. El ,marajá Hari Singh se encontraba en una encrucijada, no sabía que decisión tomar, por lógica debería integrarse en Pakistán pero su identidad le pedía lo contrario.

Pakistán perdió la paciencia, los papeles y el oremus, en octubre de 1947 lanzó la operación Gulmarg* con la que pretendía que fuerzas regulares al mando del coronel Akbar Khan y con el apoyo de un grupúsculo de fuerzas irregulares tomase por las bravas toda Cachemira.

Cuando la operación, como era de esperar, devino en un fiasco, las autoridades pakistaníes trataron de salvar su honor aduciendo que la operación la habían realizado los señores de la guerra pastunes sin el conocimiento del gobierno pakistaní. Esta falacia no coló y desde entonces las relaciones entre India y Pakistán solo han ido enconándose cada vez más.

Los asesores británicos del ejército pakistaní Sir Frank Messervy y Sir Douglas Gracey habían informado tanto al primer ministro Liaquat Ali Khan como al presidente de la Republica Muhammad Ali Jinnah de los pormenores de la operación

Pero como todavía no estaban satisfechos con la operación Gulmarg, decidieron lanzar otra para anexionarse Gilgit.

En 1949 los comunistas se habían hecho con el poder en China y en los albores de la guerra fría, tanto los british como los yanquis con su peculiar y perspicaz clarividencia pensaron que era mejor un Pakistán anticomunista que una India neutral o simpatizante con la URSS.

Estas maniobras de Pakistán para anexionarse a las bravas Cachemira llevó al majará Hari Sing a decidir y firmar la adhesión, limitada, de Cachemira a la India. Adhesión que se limitaba solo y exclusivamente a los temas de defensa, asuntos exteriores y comunicaciones.

El ultimo virrey de la India, el británico Lord Mountbatten, aceptó el acuerdo y prometió convocar al pueblo cachemir a un referéndum para que validarán o no el acuerdo al que unilateralmente había llegado su marajá.

Promesa que nunca se llevó a cabo.

El antiguo protectorado británico de Yammu y Cachemira se dividió en tres partes, las regiones de Gilgit Ballistan y Azad Kashmir se adjudicaron a Pakistán, los estados de Yammu Y Cachemira a India, ambas partes llaman a la contraria territorios ocupados y a las suyas territorios liberados. La China también se llevó su bocadito en la forma del territorio de Aksai Chin y de parte del terreno situado al norte del glaciar Siachen, en el valle de Shaksgam

Estalló la primera de las cinco guerras entre ambos países.

Para complicar más, la ya de por sin complicada, situación del territorio, la zona de Gilgit Ballistán también tiene su movimiento de Liberación Nacional, que como unos catalanes cualquieras, se avergüenzan de ser cachemires.

Esta situación del otrora pacifico territorio ha devenido en múltiples escaramuzas fronterizas y atentados terroristas, de los que ha sufrido más la India que los otros países.

En julio de 2020 se produjo uno de los últimos de estos enfrentamientos fronterizos en el valle de Galwan.

Y en el intermedio ha habido cinco guerras entre Pakistán y la India, en 1947, 1949, 1965, 1971 y 1999 y una entre China y la India en 1962.

El glaciar Siachen de 70 km de longitud y 5 000 metros de altitud está siendo testigo, desde 1984, de una cruenta y esporádica guerra para controlar varios pasos de montaña, una situación que para India es muy onerosa, más de 800 000 euros diarios para mantener su presencia militar en un hábitat hostil e inhabitable donde sus soldados mueren por avalanchas o por el mal de altura.

GEOESTRATEGIA

En su política expansionista por el mundo, la China comunista-capitalista-imperialista ha lanzado un ambicioso plan para la región.

Ha lanzado la BRI (Belt and Road Initiative), algo así como la Iniciativa de la Franja y la Ruta, dentro de su plan general CECP (Corredor Económico China Pakistán) en el que la frontera de Gilgit Ballistán es una piedra angular.

El trazado de la BRI por la provincia pakistaní de Baluchistán y de Gilgit-Ballistán ha causado un profundo malestar en la población autóctona. Las concesiones de las autoridades de Islamabad a China en temas tan sensibles como construcciones de centrales hidroeléctricos, líneas férreas y carreteras además de la explotación de los numerosos recursos naturales de la zona con yacimientos de cobre, uranio, mármol, piedras preciosas y oro se han hecho a espaldas de las autoridades locales, que sienten que sus recursos naturales están siendo esquilmados por los nuevos colonialistas.

Los ingenieros y trabajadores chinos están siendo hostigados por los distintos grupos de insurgentes que pululan por la zona.

Las escaramuzas y enfrentamientos entre la población local y los chinos han ido in crescendo.

Los chinos, siguiendo la tradición de las antiguas potencias colonialistas, ha enviado, para proteger a sus técnicos y trabajadores, un contingente de su ejército.

Este movimiento ha alertado a las autoridades indias que a su vez han desplegado a unidades de su ejército en un territorio que ellos consideran les pertenece.

Para complicar aún más las cosas, la construcción del gaseoducto Irán China conlleva la construcción de 22 túneles, en los que la India especula que se podrían instalar misiles de medio alcance. Los rumores de que Pakistán pretender ceder la gestión de Gilgit-Ballistán a China por un periodo de 50 años no ayuda mucho a rebajar la tensión.

Para China y su política expansionista es una prioridad incuestionable mantener el estatus de la región, que India reclama constantemente, si este territorio en disputa pasase bajo administración India este país podría cortar el flujo comercial entre Gradar y Xinijang e incluso impedir el acceso de Beijing al océano Indico, en la zona más cercana al estratégico y vital estrecho de Ormuz.

Para los estrategas hindúes la zona del Indico conocida como el mar Arábigo, era su cómo su coto privado de caza.

Para China las buenas relaciones con Pakistán son esenciales para contrarrestar la influencia hindú en la zona. Pero como toda potencia colonial no es una relación entre iguales, sino más bien de servidumbre de las autoridades de Islamabad.

CONFLICTO DE INTERESES

Esta entente cordiale entre China y Pakistán, hace temer a India tener que enfrentar a dos potenciales adversarios, China y Pakistán.

China e India mantienen un largo contencioso sobre la delimitación de su frontera, tras la guerra que ambos países mantuvieron en 1962 se delimitó una frontera entre ambos países pero que nunca ha sido considerada como real y, al parecer, nunca se llegará a un acuerdo, este problema se viene arrastrando desde hace más de 60 años, esto origina frecuentes enfrentamientos, uno de los más graves fue el acaecido en el valle del Galdwan en la disputada región de Ladakh, en el que al menos 20 soldados hindúes perdieron la vida

India considera que el Océano Indico y el sur del subcontinente es su área de influencia por ello no contempla con buenos ojos la expansión china por esta área, empresas chinas están construyendo puertos en las costas de Bangladesh, Maldivas, Sri Lanka, Myanmar e incluso Pakistán.

Por otro lado la creciente tensión entre las dos potencias hegemónicas en esa zona del mundo, Estados Unidos y China ha propiciado una mejora de las relaciones entre India y los Estados Unido, ya que los yanquis piensan que India puede servir de contrapeso y dique de contención a la política expansionista china.

La zona indo-pacifico tiene toda las trazas de que más pronto que tarde se convertirá en un polvorín esperando que alguien prenda la mecha.

*Cada cual cuenta la feria según le ha ido en ella, por ello no puedo evitar la tentación de insertar aquí, la traducción de un artículo publicado en el prestigioso rotativo hindú The Times of Delhi sobre la operación Gulmarg.

OPERACIÓN GULMARG

Como los gobernantes británicos se negaron a revocar el laudo de la Línea Durand en vísperas de la Ley de Independencia de la India, el rey Zahir Shah de Afganistán reclutó en secreto a los miembros de las tribus para que reunieran un lashkar para capturar Peshawar. Los planificadores del ejército paquistaní lo engañaron y patrocinaron a los lashkars, que comprendían principalmente a los Mahsuds y Afridis. Se los desviaría a una incursión en Cachemira.

Con Qayyum Khan, el ministro principal de la NWFP al tanto, los planificadores del ejército paquistaní trazaron un mapa de la anexión del estado de Jammu y Cachemira, geográficamente grande y estratégicamente crucial. En coordinación con la contraparte residual británica, convergieron en prevenir el intento de la India de recuperar Gilgit-Baltistán, cuyas fronteras tocaban el Asia central soviética. La mentalidad colonial británica no renunciaría a la estrategia del "Gran Juego en Asia Central" de Lord Curzon.

Los generales paquistaníes motivaron a los lashkars incitando su sentimiento religioso de luchar contra los infieles (kafir) y, en segundo lugar, avivaron su lujuria por el male-ghaneem o propiedad enemiga (oro y adornos) y el secuestro de sus mujeres jóvenes.

La Operación Gulmarg, el nombre en clave que el ejército paquistaní dio a la incursión en Cachemira, no se lanzó en la fecha prevista, el 20 de agosto de 1947. De alguna manera, el mayor O.S Kalkat, el mayor de brigada de la Brigada Bannu, se enteró de ello. Pero antes de que los paquistaníes lo detuvieran, se deshizo de ellos y llegó a Nueva Delhi el 18 de octubre de 1947. Los oficiales superiores del ejército en Nueva Delhi y los mandarines del Ministerio de Defensa dudaron de la veracidad de la historia del mayor Kalkat. Fue presentado ante el primer ministro Nehru, quien no solo reprendió a sus críticos sino que también les arrojó una plétora de papeles diciéndoles que buscaran una carta que ya había recibido sobre la conspiración del plan de incursión del ejército paquistaní en Cachemira por parte de los lashkars. A mediados de septiembre de 1947, el primer ministro Liaquat Ali Khan convocó una reunión secreta en Lahore para discutir la anexión de Cachemira. La propuesta del ministro jefe de la NWFP, Qayyum Khan, de incorporar a los lashkars fue aprobada. El dinero provendría del fondo secreto del primer ministro. Tres días después, un grupo de líderes tribales se reunió en un sótano de un edificio destartalado en la ciudad amurallada de Peshawar. El mayor Khurshid Anwar sería el cabecilla. En cuestión de horas, en los recintos con paredes de barro de sus aldeas en Landi Kotal, los miembros de la tribu pasaron el antiguo grito de guerra de la yihad. Comenzaron a comprar tac duro y gurh. Tomado dos o tres veces, el bocado podría sostener a un pastún durante días.

Dos oficiales británicos en la NWFP, el gobernador Sir George Cunningham y el teniente general Sir Frank Messervy, comandante en jefe del ejército de Pakistán, conversaron por teléfono. Cunningham dijo: "Los miembros de las tribus que cantan Allah o Akbar han estado llegando en masa a Peshawar. Mi primer ministro parece estar alentando a los pastunes". Messervy respondió que el primer ministro Qayyum le había dado garantías personales de su oposición a atacar Cachemira.

Sardar Shaukat Hayat Khan, presidente de la Liga Musulmana de toda la India, escribe (Gumgashta Qaum, p. 279): "Me dieron el mando de la incursión en Cachemira y solicité los servicios del general de brigada Sher Khan y el general de brigada Akbar Khan. Además de ellos, el general

Kiyani (anteriormente del INA), el coronel Dara y Taj Khanzadeh también estaban asociados con la invasión de Cachemira. El mayor Khurshid se puso en contacto con los jefes de unas quince tribus de la NWFP, entre ellas los afridi, los mahsud, los yusufzai, etc. Estos lashkars eran leales a los líderes religiosos como el pir de Manki Sharif y otros. También se le asignó al general Akbar Khan la tarea de organizar el Ejército Azad, una parte importante de la cual provenía de elementos musulmanes de las Fuerzas del Estado de Jammu y Cachemira después de su deserción. El 22 de octubre de 1947 fue el día D. La 7.ª División de Infantería del Ejército de Pakistán debía concentrarse en el sector de Muree-Abbottabad la última noche, es decir, el 21 de octubre. Se mantuvo una brigada de infantería preparada en Sialkot para avanzar hacia Jammu y Cachemira.

Muzaffarabad cayó el 22 de octubre y cuatro días después, el 26 de octubre, los invasores capturaron Baramulla. En su obra Pakistan ki Siyasi Tarikh, de tres volúmenes, Zahid Chowdhury, de PoK, escribe que durante tres días los invasores continuaron el genocidio de los no musulmanes, saqueando y quemando sus casas. Un gran número (unas 1.800) de sus mujeres fueron violadas y secuestradas. En Baramula, los lashkars suspendieron la marcha hacia Srinagar durante tres días. Había estallado una disputa por una suma de trescientas mil rupias liberada por el Ministerio de Finanzas de Pakistán entre los lashkars y Maj Khurshid. En Shalteng, en las afueras de Srinagar, se libró la batalla decisiva en la noche del 7 al 8 de noviembre de 1947, en la que las tropas indias infligieron una aplastante derrota a los invasores, que perdieron casi 600 hombres. Las tropas derrotadas se retiraron y escaparon del valle. Baramulla y Uri fueron recapturados el 8 de noviembre por la Infantería Ligera Sikh que avanzaba.

Las tácticas del ejército paquistaní de tomar Cachemira por la fuerza continúan hasta la fecha, aunque con estrategias cambiantes. El lugar de los lashkars lo ocupan ahora los yihadistas islámicos reclutados por varias organizaciones terroristas con base en Pakistán y sostenidas por el estado profundo. Algunas de estas organizaciones y sus líderes han sido designados por la ONU y el Departamento de Estado. Pakistán ha puesto a estos yihadistas como la vanguardia de sus fuerzas armadas en la guerra contra la India. Están totalmente radicalizados y les han lavado el cerebro en miles de seminarios de ese país. Fueron desplegados en la guerra de Kargil como cobertura para los regulares paquistaníes. La fuerza yihadista se ha vuelto tan formidable que el ejército paquistaní tuvo que lanzar Zarb-e-azab para neutralizarlos en Waziristán del Norte. Decenas de campos de entrenamiento terrorista en Pakistán o PoK están a cargo de oficiales del ejército paquistaní bajo las órdenes del ISI. Los lashkars tribales tenían como único motivo el saqueo, el pillaje y el secuestro de mujeres. No tenían nada que ver con la religión, aunque sus dirigentes paquistaníes los habían instigado con el lema de la guerra contra los infieles. Los generales paquistaníes tenían como objetivo convertir Cachemira en su lujoso lugar de veraneo, donde los cachemires serían sus leñadores y sus aguadores. Ganarían espacio hacia el este y así estrecharían las fronteras del norte con la India.

4 *LA OPERACIÓN CICLÓN*

La operación más duradera y cara de la historia de la CIA, comenzó en 1979 con el apoyo a los muyahidines afganos que luchaban contra el ejército rojo que había invadido el país para sostener al gobierno comunista de la República Democrática de Afganistán, siguió con la llegada de los talibanes al poder cuando apoyó a la coalición del Norte, formada por señores de la guerra contrarios a la talibanes y culminó cuando las tropas de Estados Unidos al frente de una coalición internacional invadió ese país que cobijaba al terrorista más buscado por los Estados Unidos tras los atentados del 11-S en 2001,Osama bin Laden.

La llegada al poder del belicoso, lenguaraz, fantasioso y decrépito Ronald Reagan significó el fortalecimiento de las operaciones encubiertas.

Para premiar la colaboración pakistaní la administración americana preparó dos paquetes de ayuda

La primera entrega de unos 3 200 millones de dólares fue de dinero en efectivo y entrega, venta, de material militar.

Pero como nadie regala nada , los pakistaníes adquirieron 40 Cazas F-16 al módico precio de 1 200 millones de dólares.

El segundo paquete de ayuda consistió en la entrega en efectivo y con préstamos a bajo interés de unos 4 200 millones.

En la ayuda a Pakistán también participaron otros países, tan dispares como Arabia Saudita y la República Popular China, amén del Reino Unido que esta siempre dispuesta a participar en todos los «saraos».

Y para rematar el pastel, la guinda la puso Israel que suministro el armamento que los Estados Unidos no tenían en su arsenal. O eran reacios a entregar como los misiles tierra aire FIM-92 Stinger guiados por rayos infrarrojos.

La aventura que comenzó con un gasto de 30 millones de dólares/año, una bagatela para los poderosos yanquis, se había convertido en 630 millones anuales en 1987. Al final se estima que se fueron por el desagüe unos 40 000 millones.

Lo que los norteamericanos no llegaron nunca a vislumbrar era de que, como le reprochó la primera ministro Benazir Bhutto, preocupada por el creciente auge del islamismo en su país, al presidente George Bush: Están ustedes creando un monstruo que al final los devorará».

Se estima que gran parte de los 35 000 musulmanes extranjeros reclutados y entrenados por la CIA terminaron, engrosando, armas y bagaje incluidos, las filas de los talibanes.

Y todo para nada, los talibanes han vuelto y han sumido a ese sufrido país, otra vez, en la edad media.

5 ATENTADOS EN BOMBAY

Como ocurre en otros muchos países el centro financiero no es detentado por la capital, y este es el caso de Bombay (India), la capital Delhi aun siendo la más poblada 32 millones de habitantes, Bombay con solo» 21,3 millones se ha convertido en el centro económico del país y la ciudad más próspera, su puerto aglutina más del 40% del tráfico exterior hindú.

En un país con más de 1 437 millones de habitantes, 700 grupos étnicos, 21 idiomas (aparte de las lenguas oficiales que son el Hindú y el Inglés) y más de 1 600 dialectos no es de extrañar que las tensiones y las disidencias afloren muy a menudo y a veces lleguen a extremos violentos, por ello los acontecimientos acaecidos en la noche del 26 de noviembre de 2008 estuvieron, y están, plagados de rumores y versiones a menudo contradictorias.

India es la tercera economía mundial y es el sexto país del mundo en términos de PIB, pero es una sociedad muy desigual, el 1% de la población detenta el 20% de la riqueza del país, mientras que el estrato más pobre, el 50% de la población solo posee el 1,3%.

Aunque aquellas hambrunas cíclicas que asolaban el país en los tiempos del Pandit Nehru estaban enterrados en el baúl de los recuerdos, aún seguía habiendo mucha miseria y muchas necesidades y discriminación..

Me contaba un ingeniero hindú que conocí en Arabia lo siguiente; era allá por años 80. En mi país me decía, «los camiones de la policía patrullan las calles, cuando observan a alguien tirado en el suelo van y lo golpean, si reacciona es que aún está vivo y lo dejan, si no hay ninguna respuesta lo recogen, lo tiran al camión y a incinerarlo».

Las tensiones entre las diferentes etnias, aunque larvado, estaba siempre presente y se plasmó en 1984 cuando Indira Gandhi[8], a la sazón primer ministro fue asesinada por sus propios guarda espaldas.

Un informe del Instituto de Desigualdad califica a la India como :«un país pobre y muy desigual, con una élite extremadamente rica y otra, más del 50% de la población extremadamente pobre»

LOS ATENTADOS

Esa fatídica tarde-noche , se produjeron de forma coordinada y muy bien sincronizados unos ataques terroristas en diversas zonas de la ciudad. Los terroristas habían planificado los ataques contra «objetivos blandos», como edificios religiosos, lugares frecuentados por turistas, lujosos hospedajes de extranjeros, empresarios y personas de alto nivel, en la más pura táctica de terrorismo urbano con el objetivo de sembrar el caos y aterrorizar a la población.

Estos fueron los atentados por orden cronológico.

21,15 horas cinco terroristas arriban al Leopold Café y abren fuego indiscriminado contra la clientela con sus fusiles de asalto AK-47.

21,20 horas, el objetivo es la Marinan House, un edificio residencial judío, dos terroristas lanzan unas granadas de mano contra la colindante gasolinera, penetran en el edificio y asesinan a dos personas. Cuando el ejercito hindú asalta el edificio matan a los dos terroristas pero también mueren el rabino Gabriel Holtzberg y su esposa Riva, embarazada de seis meses, ambos de nacionalidad estadounidense

A las 21,24 horas los terroristas llegan a la antigua estación ferroviaria Victoria (rebautizada Charapan Shivaji) lanzan varias granadas y matan e hieren a varias personas. Después emprenden la huida.

21,30 horas, en el lujoso Hotel Taj Mahal los terroristas penetran por la puerta de servicio del hotel, disparan y lanzan granadas contra los sorprendidos e indefensos clientes, se producen varios incendios que destruyen parte del edificio, algunos clientes se refugian en sus habitaciones, otros son tomado como rehenes.

El ejercito hindú lanza proyectiles contra el primer piso donde se supone están atrincherados los terroristas. A los soldados no parece importarles que los terroristas mantienen en el piso a algunos rehenes.

21,35 horas. Ahora el blanco es otro lujoso hotel bombaití el Oberoi Trident, tras disparar unas ráfagas con sus AK-47 toman el edificio y secuestran a los huéspedes.

La expresidenta de la Comunidad Esperanza Aguirre está registrándose cuando se produjo el asalto, logró evadirse huyendo por la cocina.

La policía asalta el hotel y en la refriega mata a dos terroristas pero también hay víctimas mortales entre el personal del hotel y en las fuerzas de seguridad. Varios ciudadanos españoles que se encontraban en el hotel fueron evacuados sanos y salvos.

21,55 En el barrio Vil Parle, en las inmediaciones de la estación de trenes, desde un vehículo en marcha unos terroristas disparan y matan a tres personas e hieren a otros muchos

Son las 22,15 horas y ahora el blanco es el hospital Cama & Albless, un vehículo se estaciona en la puerta del centro y sus ocupantes comienzan a disparar indiscriminadamente, hacia el interior y en el exterior, matando a cinco personas, entre las que se encuentra el jefe de la lucha antiterrorista de Bombay, Hemant Karkare.

Quince minutos más tarde, a las 22,45 atacan, desde otro vehículo el Metro Cinema.

El siguiente objetivo es la estación Wadi Bunder, esta vez los terroristas llegan en un taxi, asesinan al conductor e hieren a 16 personas.

Finalmente a las 22,50 horas es la playa más concurrida de Bombay la Girgaum Chowpatty la que sufre el ataque terrorista, la policía abate a los dos terroristas.

El ejercito movilizó a 65 comandos al teatro de operaciones mientras que la Guardia de Seguridad Nacional lo hizo con 200.

Los atentados dejaron un reguero de terror y sangre, 192 muertos y 293 heridos y aunque la mayoría de las víctimas fueron ciudadanos hindúes, también las hubo de extranjeros, siete británicos dos norteamericanos y tres australianos entre otros.

Entre los terroristas nueve resultaron muertos y otros nueve fueron detenidos.

Aunque Bombay ya había padecido otros ataques, estos siempre habían sido atribuidos a militantes islamistas, ahora las sospechas tenían otro rumbo, se especulaba, se sospechaba de una intervención extranjera.

LAS RAZONES

Si es que se pueden alegar razones para tales actos de barbarie, pero para los terroristas los motivos podrían ser, según su enfermiza mentalidad los siguientes:

La represión del ejercito hindú sobre los disidentes cachemires.

Las masacres que a juicio d los terroristas había llevado a cabo el ejercito contra los musulmanes.

El socavar, de alguna manera, el crecimiento de la economía hindú, atacando a un sector tan vulnerable como el turismo, una importante fuente de ingresos para el país.

La desigualdad en la sociedad hindú, con unos pocos privilegiados y cientos de millones en la miseria.

EL OBJETIVO

El objetivo de los terroristas podría haber sido dañar el creciente bienestar hindú, hundiendo una de sus mayores fuentes de ingreso, el turismo desde los países occidentales.

Crear miedo, incertidumbre y tensión en una población de más de 21 millones de habitantes

Dañar las relaciones de India con los países occidentales, atacando, especialmente a los ciudadanos norteamericanos y británicos. Algunos testigo destacan el hecho de que los terrorista pedían a los rehenes que les mostraran sus pasaportes y se cebaban principalmente en británicos y norteamericanos.

LOS TERRORISTAS

Al parecer los terroristas habían salido de Karachi en un barco y tras una travesía de más de 900 kilómetros habían arribado al límite de las aguas territoriales hindúes, donde se habían embarcado en lanchas neumáticas hasta alcanzar la orilla en una aldea de pescadores en las cercanías de Bombay.

Este hecho llevó, posteriormente, a que la marina hindú desplegara un gran dispositivo naval en búsqueda de algún navío sospechoso. Por su parte la policía encontró y capturó en un muelle en las afueras del puerto, un buque con armas y explosivos

Los terroristas eran jóvenes menores de treinta años, fornidos y muy bien preparados, hablaban hindú o urdu.

A los comandos hindúes que se enfrentaron a ellos les sorprendió el grado de adiestramiento y el armamento de los terroristas, sus movimientos no tenían nada que envidiar a los levados a cabo por las fuerzas de élite de los navy seals americanos, los SAS británicos o los israelitas Duvdevan o Sayeret Matkal.

Su grado de preparación llegaba hasta el extremo de que conocían con todo detalle el interior de los hoteles, se notaba que, como hacen los cuerpos especiales, se habían estudiado concienzudamente la distribución de los edificios. E igualmente sucedía en su gestión de los rehenes,. Al contrario que los grupos terroristas al uso, estos parecían haber sido especialmente entrenados por algún cuerpo especial. Todas las sospechas apuntaban al ISI.

Aunque la operación fue reivindicada por los Muyahidines del Decán pakistanís, en un correo electrónico enviado a varios medios de comunicación, nadie lo creyó.

Como suele ocurrir con demasiada frecuencia, la arrogancia, la dejadez y la desidia de algunas persona o colectivas deriva en la muerte de otros muchos y eso ocurrió con los atentados de Bombay

Los Muyahidines Indios habían avisado, en un correo electrónico enviado a varios medios de comunicación en septiembre, de futuros ataques, aviso que fue ignorado por las autoridades competentes. La policía local reaccionó tarde mal y nunca, cuando sonaron los primeros disparos, los sesudos polis pensaron que era una más de las múltiples disputas entre pandillas que estaba asolando la ciudad, ni se inmutaron.

Los Muyahidines Indios (IM) era un grupo terrorista islamista que estaba siendo particularmente activo en la India. El grupo yihadista fue fundado como una rama del Movimiento Islámico Estudiantil de la India (SIMI) por varios miembros radicalizados.

REACCIONES

A las pocas horas del inicio de los atentados, el ministro de asuntos exteriores Pranab Mukherjee, aseguró tener pruebas de que la mano de Pakistán estaba detrás de los atentados y lo atribuyó al grupo pakistaní Muyahidines del Decán.

Otras fuentes lo atribuyeron al también grupo terrorista pakistaní Lashkar-e-Toiba-Jamaat ud Dawa il al Quran al Sunnat.

Por su parte el primer ministro Manmohan Singh declaró que «los ataques probablemente tienen vínculos externos, un ataque de tal envergadura y precisión solo pudo ser llevado a cabo con ayuda exterior», para añadir que «Los ataques, probablemente tenían vínculos externos y, por la elección de objetivos de alto perfil y el haber matado indiscriminadamente a inocentes extranjeros, lo que pretendían era crear un sentimiento de pánico».

Por su parte el líder de la oposición pidió al pueblo de la India a permanecer unidos durante este tiempo de emergencia.

Permítaseme un inciso: ¿Recuerdan ustedes cual fue la reacción del Partido Socialista Obrero Español y de parte de la sociedad española por los atentados del 11 de marzo de 2004? Pues eso, ¡Spain is different!

Dirigentes de todo el mundo mostraron su repulsa y condena ante los sangrientos atentado y expresaron sus condolencias a los familiares de las víctimas.

El gobierno israelí se ofreció a colaborar en el esclarecimiento de los hechos. Ayuda denegada. Gracias y «see you later aligater», lo que en román paladino sería algo así como: «¡que te den por c..o y no te paguen!».

Algunos países aconsejaron a sus ciudadanos que se abstuvieran, a corto plazo a viajar a la India.

Como es habitual en este universo de la comunicación global saltaron a la palestra «sesudos» analistas y politólogos con todo tipo de versiones, hablando ex catedra y haciendo afirmaciones tajantes, posiblemente nunca se sabrá quienes fueron los cerebros en la sombra, aunque se puede vislumbrar que la alargada sombra del ISI no estaría muy lejos.

CONSECUENCIAS

Las autoridades hindúes tomaron drásticas medidas para incrementar la seguridad de sus ciudadanos.

En las ciudades con más de un millón de habitantes el número de comisarías paso de 10 a 50, una por cada distrito. Aumentando a su vez los efectivos policiales de 250 a 1500-

Adquirir 30 modernas embarcaciones de vigilancia marítima.

Crear un cuerpo de élite capaz de reaccionar en menos de 30 minutos.

Se creó la Agencia Federal de Investigación y se incrementaron los efectivos de las fuerzas antiterroristas.

DAÑOS COLATERALES

Al contrario que en nuestro país donde no dimite nadie, un castizo diría que «aquí no dimite ni Dios», el Ministro del Interior, Shivraj Patil, y el consejero de Seguridad Nacional, M. K. Narayanan dimitieron.

[6] OPERACIÓN TÚPAC

En 1988 el belicoso dictador Muhammad Zia-ul-Haq llevado por su odio irrefrenable contra India, lanzó la Operación Túpac, instruyó al ISI a brindar apoyo encubierto a las acciones terroristas que los separatistas cachemires llevaban a cabo en la parte de Cachemira gobernada por los hindúes.

Los objetivos del programa eran:

Proporcionar apoyo armamentístico y financiero a separatistas, militantes e islamistas en India.

Desencadenar una disgregación de la India

Utilizar la red de espías para actuar como un instrumento de sabotaje

Explotar fronteras porosas con Nepal y Bangladés, países con malas relaciones históricas con India, para establecer bases y realizar operaciones de hostigamiento.

Programa que se sospecha sigue activo dadas los frecuentes atentados que se producen en aquel atormentado territorio.

El ISI ayudó a organizar seis grupos militares cachemires, uno de los cuales se estima que perpetró los atentados de Bombay.

Los servicios de inteligencia americanos consideran que este apoyo se sigue produciendo.

7 OPERACIÓN GIBRALTAR

Desde la partición de India ha habido una región que ha sido un punto conflictivo entre los tres países con los que tiene fronteras, los cuales la desean como un fauno desea a una ninfa.

En el año 1955 el ISI lanzó la operación Gibraltar. que consistía en infiltrar en Jammu y Cachemira que estaban bajo la administración hindú a unos disidentes islamistas y propiciar una rebelión interna, para ello la fuerza aérea pakistaní transportó y parachutó a 50 paracaidistas y miembros del ejército de liberación de Cachemira, para disfrazados de lugareños provocar una rebelión interna de los musulmanes cachemires.

La operación devino en un monumental fiasco.

Y provocó la segunda de las cuatro guerras en que ambos países, Pakistán e India, se han visto envueltos.

8 INDIRA GANDHI

La primera y hasta ahora única mujer que ha detentad el cargo de primer ministro de la India, de carácter cercano pero fuerte y decidido, y de profundas creencias patrióticas, pensaba que la unidad de la Patria, de la nación, estaba por encima de creencias religiosas o intereses partidistas.

¿Por favor puede alguien explicarle esto a nuestro particular dictadorzuelo y futuro rey Pedro I el Impostor?

Con esta concepción de la sagrada unidad de su país tuvo que hacer frente al desafió que la comunidad sij le presentó.

Desde la partición de la India en 1947 el populoso país con su miríada de etnias, idiomas y dialectos ha estado sometido, con la inestimable ayuda de Pakistán, a múltiples intentos de disgregarla aun más de lo que lo hicieron los británicos.

Y a la cabeza de todos han estado siempre los sijs.

Esta etnia es la más numerosa del Punyab, el granero de India, y algunos sectores más extremistas abogan por la independencia. A principios de la década de los ochenta un clérigo se puso al frente de uno de los grupos más virulentos, demandando el reconocimiento del derecho a la independencia.

Al frente del grupo fundamentalista se encontraba su líder espiritual Jarnail Singh Bhindranwale que al amparo del templo sagrado sij,(el Templo Dorado) situado en Harmandir Sahib. en la fronteriza ciudad de Amritsar, que habían tomado por asalto, se dedicaba a lanzar soflamas incendiarias contra el gobierno central.

Los fundamentalistas que había ollado el templo pensaron que el gobierno de Indira no se atrevería a desalojarlos, que el ejército no se atrevería a profanar el recinto sagrado.

¡Estaban equivocados! Indira pensó que no hay nada más sagrada que la Patria. El 6 de junio de 1984 puso en marcha la operación Estrella Azul y ordenó desalojar el recinto.

Los sijs, como todos los demagogos baratos que pululan por el mundo, se hicieron los mártires, ellos pobres inocentes estaban siendo atacados y masacrados por su religión y su identidad étnica y una violación de su santuario más sagrado.

(Joder estos merecían ser catalanufos o euskaldunos)

Al parecer lo que más irritó y humilló a los militante sijs fue que los soldados penetraron en el sagrado recinto calzando sus botas reglamentarias, ¡tenían que haberse descalzado!

Los pacíficos militantes resultaron no ser tan pacíficos puesto que ofrecieron una feroz resistencia.

Los sijs han sido siempre aguerridos luchadores, durante la segunda guerra mundial seis batallones de sijs lucharon codo a codo con los británicos, en el Alamein, en Birmania y en la campaña de Italia. Por su heroísmo y valentía recibieron 27 medallas al valor.

Bien es verdad que el ejército hindú se empleó, quizás con demasiado contundencia, utilizó tanques y artillería pesada, la estructura del templo quedó muy dañada y la pérdida de vidas humanas resultó muy elevada, 426 muertos entre militantes y civiles que se encontraban en el interior del templo.

Toda acción violenta genera una reacción del mismo tipo, miles de jóvenes sijs se unieron al movimiento del radical líder religioso.

Indira se convirtió en un personaje muy impopular entre la población sijs y para los más virulentos una pieza a cobrar.

A raíz de este lamentable suceso, los asesores de Indira, ante la posibilidad de atentados, la aconsejaron cambiar su sistema de protección personal que estaba a cargo de la Policía de Delhi, de la Sección de Seguridad Especial.

La policía le sugirió retirar de su escolta a los sijs, pero ella alegó que esa medida dañaría su imagen y que la acusarían de ser anti sij, ordenó que ningún miembro de esa comunidad fuese excluido, incluido su guardaespaldas favorito un tal Beant Singh,

El 31 de octubre de 1984 caminaba por el jardín de la residencia oficial del primer ministro sita en la calle Safdarjung hasta la calle Akbar donde tenía que mantener una entrevista, cuando dos de sus guardaespaldas la acribillaron a balazos.

Su cuerpo fue trasladado al All India Institute of Medical Sciences donde la operaron en un intento desesperado por salvarle la vida, Fue, oficialmente, declarada muerta a las 14, 20 horas.

La autopsia reveló que había recibido 30 impactos de bala de una ametralladora Sterling, de los que 23 le habían atravesado el cuerpo y siete habían permanecido alojadas en su interior.

En su funeral de estado el ataúd, abierto, con sus restos mortales fue paseado por las calles de Delhi en un armón del ejército, su cuerpo cubierto de flores dejando solo ver su rostro, el féretro fue colocado sobre una pila de troncos y su hijo mayor Rajiv Ratna Gandhi prendió la pira.

El lugar donde fue asesinada está señalado con una placa de vidrio. en el camino de cristal en el monumento erigido en su honor.

El ensangrentado sari junto con las pertenencias que portaba en el momento de su asesinato se conservan en el Indira Gandhi Memorial Museum en Delhi

De sus dos asesinos, uno fue abatido por la policía de fronteras cuando intentaba salir del país y el otro fue herido y detenido por los otros guardaespaldas del sequito de Indira, juzgado, sentenciado a muerte y ejecutado.

RAJIV RATNA GANDHI

El hijo mayor de Indira y su sucesor como primer ministro nunca pensó dedicarse a la política, aunque la mamó de pequeño, su abuelo materno era el carismático Jawaharla Nehru primer ministro de la India.

Cursó sus estudios en dos prestigiosas instituciones británicas, el Imperial College de Londres y la Universidad de Cambridge.

Trabajó como piloto en la Indian Airways cuando su madre Indira ya era primer ministro.

Allí conoció a la italiana Sonia Maino con la que contrajo matrimonio.

Su vida dio un giro radical con el asesinato de su madre, los lideres del Partido del Congreso lo «convencieron» para presentar su candidatura a primer ministro en las elecciones que siguieron al asesinato, ganó por abrumadora mayoría y se convirtió en el sexto primer ministro de la nación y el tercero de la saga Nehru. A sus cuarenta años se convirtió en el primer ministro más joven en la historia de la democracia hindú.

GESTIÓN POLITICA

Para el electorado, acostumbrado a ver primeros ministros entrados en años, aquel joven proyectaba una imagen moderna y libre de corrupción, sabía nueva para un árbol cuyo tronco empezaba a envejecer.

Anuló los gravámenes sobre las actividades económicas, impulsó la modernización de las telecomunicaciones, la educación y la tecnología. Y se esforzó en mejorar las tensas relaciones con los Estados Unidos.

Cuando en la cercana Sri Lanka los tamiles del norte intentaron independizarse, Rajiv temió que el efecto dominó se extendiera a los tamiles del estado indio de Tamil Nadu, tomó una decisión, que como a su madre, le resultaría fatal.

Decidió enviar tropas hindúes para apoyar al legítimo gobierno de Sri Lanka a sofocar la rebelión. Esta acción le provocó la animadversión del movimiento LTTE (Liberation Tigers of Tamil Eelam), Los Tigres de Liberación del Eelam Tamil, una organización separatista cuya guerra con el estado se prolongó durante 26 años, de 1983 hasta 2009.

A finales de la década de los ochenta estalló el escándalo Bofors[9] que destruyó su imagen de incorruptibilidad y finiquitó su carrera política y arrastró a su partido a una apabullante derrota.

Parece que afortunadamente en algunos países la corrupción tiene castigo, salvo en España donde se premia. Hoy (2 de septiembre de 2024) se han publicado unas encuestas donde se muestra que todavía hay un 30% de «descerebrados» que piensan seguir votando corrupción, es decir a la empresa pública de empleo PSOE.

En 1991 se celebraban elecciones y Rajiv participaba en un mitin cuando una militante suicida de los Tigres de Liberación de Tamil Eelam (LTTE) acabó con su vida y con la de otras doce personas.

En el juicio celebrado se dictaron 26 penas de muerte que fueron llevadas a cabo más ocho años después.

El movimiento LTTE ha pedidos disculpas por el asesinato que los diferentes gobiernos hindúes nunca han aceptado.

9 ESCÁNDALO BOFORS

Como Pakistán e India, India y Pakistán estaban siempre con la tuya sobre la mía, cuando el servicio de inteligencia militar hindú tuvo conocimiento de que el país musulmán estaba intentando que los norteamericanos le vendieran obuses M198 de 155 mm, el ministro de Defensa hindú reaccionó intentando comprar sus equivalentes en otros países.

La empresa sueca Bofors y otras seis empresas europeas fueron consultadas e invitadas a presentar sus ofertas. El contrato era muy jugoso, unos 1 400 millones de dólares. La empresa sueca fue fundada por Alfred Nobel el promotor de los premios que llevan su nombre y entre los que está el Nobel de la Paz. Nobel fue el inventor de la dinamita.

En abril de 1987 una emisora de radio escandinava recibió un soplo de que la empresa sueca había pagado un peaje, en forma de «coimas» a políticos suecos e hindúes.

¡Una bagatela! Solo unos 100 millones de dólares, pecata minuta si lo comparamos con las cantidades que los sociatas han «mangado» con los ERES de Andalucia, el rescate de Air Europa y el asuntillo de las famosas e inservibles mascarillas.

En la India este tema de los obuses estaba pasando desapercibido hasta que un joven reportero del The Hindu Chitra Subramaniam lo recogió. El joven y audaz periodista consiguió hacerse con importante documentación, unos 350 documentos que acreditaban el soborno.

Cuando el gobierno hindú consiguió que el periódico sucumbiera a sus presiones y dejara de publicar más noticias sobre el turbio asunto, el periodista cedió los trastos de matar a la competencia.

The Indian Express y *The Statement* cogieron el testigo y al contrario que *The Hindú* no cedieron al chantaje gubernamental y continuaron publicando noticias sobre el tema.

El contrato se firmó el 24 de marzo de 1986 por el que la empresa sueca entregaría 410 obuses de campaña de 155 mm al módico precio de 285 millones de dólares y una opción adicional de otros muchos más

Ante tales revelaciones el gobierno hindú no tuvo más remedio que actuar, incluyó a la empresa escandinava en su particular lista negra y le impidió hacer negocios en la India.

Y como en todo asunto sucio que se precié, siempre aparece un «listillo» que, a lo tonto, lo tonto, se lleva un «pastón», no se llamaba ni Begoña Gómez, ni Aldama, ni Barradés sino Ottavio Quattrocchi, casi rima «el gachó» con «toco mochi».

Este empresario italiano estaba muy relacionado con la familia de Rajiv Gandhi, más concretamente con su esposa Silvia, italiana ella, y casualidad de las casualidades el espagueti se convirtió en un intermediario privilegiado entre las grandes empresas internacionales y el gobierno hindú. ¿Qué me recuerda esto? ¿Me suena a algo conocido, que será? ¡Ah la Begoñita y sus cuates!

En 1999 estalló uno más de los innumerables conflictos armados entre los dos países, la Guerra de Kargil, el gobierno hindú levantó la sanción a la empresa sueca y utilizó con muy buen resultado los dichosos obuses.

Este conflicto que podría parecer ser uno más de los muchos habidos entre ambos países pudo haber sido de una gravedad extrema pues los dos países ya disponían de armamento nuclear.

¡Aquí guerra y después gloria!

En octubre de 1999 la oposición ganó las elecciones, y al contrario de lo que hizo Rajoy, estos si levantaron las alfombras al llegar al poder, el resultado fue que presentaron una denuncia contra el italiano, Rajiv Gandhi y el ministro de defensa S. K. Bhatnagar.

El proceso se dilató de forma que cinco años después el partido de Gandhi volvió al poder, Rajiv ya había pasado a mejor vida,

Y como parece que los individuos de la catadura moral de los Conde Pumpido se reproducen en todas las latitudes el Tribunal Superior de Justicia de Delhi anuló los cargos de soborno contra todos los implicados. ¿A que les suena a los ERES? Pues eso.

Pero el Conde Pumpido hindú fue aún más lejos, solicitó a dos entidades bancarias británicos que descongelaran las cuentas del italiano Quattrocchi ya que no existían pruebas fehacientes del soborno, total solo eran tres «milloncetes» de euros y uno de dólares. ¡El chocolate del loro!

En enero de 2006 el tribunal Supremo de la India ordenó al gobierno indio que se asegurara que el espaqueti no retirara dinero de esas cuentas, el aviso llegó tarde, como el dinero es muy volátil más de 4,5 millones de euros ya habían volado.

Los british, a los que también hay que echarles de comer aparte, decidieron unos meses más tarde que el italiano podría retirar el dinero tan honestamente ganado.

La CBI (la Oficina Central de Investigación), en enero de 2006, decía que estaban buscando las ordenes de extradición para Quattrocchi, pero que estas no aparecían por ninguna parte, pero que había cursado a la Interpol una petición de orden internacional de busca y captura para el espagueti.

En febrero de 2007 el italiano fue detenido en Argentina, pero solo un poquito, pronto lo liberaron que los camaradas de delitos no se «putean» entre sí. ¿Quién gobernaba ese país?, los Kirchner, así que entre iguales, «coleguillas», andaba el juego.

Para evitar males mayores al italiano le confiscaron el pasaporte, medida que podía parecer preventiva pero que en verdad era protectora, como no había tratado de extradición entre ambos países el italiano estaría en Argentina seguro, sano y salvo. ¡Hoy por ti, mañana por mí, colega!

III LA ESTRATEGIA

A raíz de la independencia de la India cientos de funcionarios locales, hindúes y musulmanes, que habían servido en la administración colonial decidieron motu proprio exiliarse en la Gran Bretaña, bien por temor a represalias por haber colaborado con el régimen colonial bien porque les atraía más el estilo de vida occidental.

Al cabo de los años esta población de ciudadanos ingleses se había multiplicado y como suele pasar, un emigrante nunca se desvincula de su país de origen, incluso los de segunda generación, aun habiendo nacido en el país de acogida siguen teniendo un vínculo de sangre con su país de origen.

La comunidad hindú en el Reino Unido es la mayor minoría étnica con 900 000 individuos, seguida de la pakistaní que es de 750 000 personas y unos 200 000 bangladesíes.

Los servicios de seguridad británicos estiman que varios cientos, quizás miles de británicos de origen pakistaní han viajado bien a Afganistán bien a Pakistán para recibir entrenamiento militar en campos yihadistas. Muchos de ellos se unieron a los grupos afganos que combatían a los invasores soviéticos y una vez expulsados estos, se pasaron a los talibanes

De los cuatro terroristas que en el año 2005 provocaron la muerte de 40 personas en los atentados a los servicios de transporte público en Londres, tres eran británicos de origen pakistaní.

Estas poblaciones eran un rico campo para los servicios secretos tanto de India como de Pakistán, el RAW y el ISI respectivamente, Ambos servicios habían tendido sus redes y habían conseguido una miríada de colaboradores, al mismo tiempo que infiltraban a sus agentes en ambas comunidades para controlarlas y utilizarlas cuando fuera menester.

Actualmente la población británica de origen hindú es la más numerosa de la diáspora hindú por el mundo.

En cualquier aspecto de la vida británica se encuentra un hindú, de hecho hasta julio de 2024 el primer ministro fue Rishi Sunak de padres hindúes que emigraron en 1960, nació en Southamton pero conservó sus raíces y su religión.

Igualmente sucede con el alcalde de la capital del Reino, Londres, musulmán sunita, es hijo de padres pakistanís y entre sus «logros» habría que destacar que mientras prohíbe que las luces navideñas contengan alusiones a la religión cristiana, para no ofender a las otras religiones, ordena que para celebrar el comienzo del Ramadán, el mes santo musulmán, la ciudad sea engalanada y luzca su mejor cara.

Y en la decadencia moral de occidente y especialmente de los británicos, los londinenses deben estar muy felices pues recientemente ha sido reelegido para su tercer mandato.

LA CONEXIÓN HINDÚ-ISRAELÍ

Y fue precisamente la camarera de piso (house woman) de un lujoso hotel londinense la que puso en alerta al agente del RAW que la controlaba.

Había escuchado a un tipo que le pareció ser árabe hablar con alguien sobre los planos de un reactor nuclear y concertar una cita.

El agente pasó la información a sus jefes y estos después de hacer algunas averiguaciones identificaron al individuo como a un experto sirio en energía nuclear.

A los agentes del RAW esa parte del mundo les era muy ajena, pero pensaron que quizás al Mossad les podía interesar, así que decidieron pasar la información al eficaz servicio de inteligencia israelí, ya saben hoy por ti mañana por mí y todos contentos.

Y quién sabe si algún día necesitaré que me hagas un favor.

El sirio no se desprendía nunca de su ordenador, hasta que una noche decidió echar una canita al aire, porque con la parienta solo podía dormir una vez cada quince días y estas occidentales, sobre todo las british son muy libertinas.

Bajó al bar del hotel y se tomó, de seguido, dos wiskis bien largos. Y la noche se presentaba bien, una joven de muy bien ver, con un escote generoso y una minifalda exigua se acomodó justo en el otro lado de la barra. Y le dedicó una esplendorosa sonrisa.

Como un corderillo sumiso se apresuró a acomodarse junto a la despampanante rubia y la invitó a un trago, que ella aceptó inmediatamente, la rubia comenzó a flirtear con el tipo y este a ponerse cada vez más caliente y excitado. La invitó a subir a su habitación y la rubia dijo sí pero dentro de un ratito, ¡no seas impaciente déjame disfrutar de este blody mary, pero la bebida parecía que no se acababa nunca.

Mientras el sujeto se relamía a la vez que se impacientaba, un equipo de katsas, agentes de la institución, entraban en la habitación, accedían a su ordenador y hacían una copia del contenido de su disco duro, información que fue inmediatamente transferida al cuartel general en Ramat Hacharon una próspera ciudad situada en la franja costera central de Israel, en el sur de la región de Sharon, en las cercanías de Tel Aviv.

Los intrusos no se limitaron a copiar el contenido del disco duro, sino que también instalaron un artilugio con el que podrían, a partir de ese momento, conocer en tiempo real todo lo que se hiciera en el aparato.

Esta crucial información daría lugar a la operación Huerto[1]

Desde ese día las relaciones entre ambos servicios no hicieron más que mejorar y como los favores o las deudas hay que resarcirlas ahora había llegado el momento de pasar la factura al cobro.

A raíz de esta información comenzaron a producirse algunos inexplicables accidentes en diferentes zonas del mundo, aparentemente inconexos entre sí.

En el puerto de Rotterdam un carguero con bandera de conveniencia, panameña por más señas, era cargado, por la noche, con un cargamento de lavadoras y secadoras de una reconocida marca industrial con destino a Beirut (Líbano), Tras ser dirigido por uno de los prácticos del ajetreado puerto hasta la desembocadura del estuario, el barco enfiló el atlántico con rumbo a su puerto de destino, a unas veinte millas náuticas del punto de salida, una tremenda explosión en su sala de máquinas abrió una gran vía de agua en su casco y el navío se hundió en cuestión de minutos.

Se levantó un muro de silencio sobre el accidente, el acuerdo de compra venta era FOB (Free on Board), lo que significaba que el vendedor había entregado y cobrado la mercancía al embarcarse esta, el armador no quería que se investigara porque su manifesto decía que el puerto de destino era Beirut en Líbano cuando en realidad era otro bien distinto, el puerto sirio de Tartus y el supuesto comprador tampoco estaba interesado en que alguien indagara en el tipo de cargamento, a ojos inquisidores las lavadoras y secadoras serían de un tipo muy especial, que se asimilaban mucho a centrifugadoras para enriquecer uranio.

En Ryongchon (Corea del Norte) una tremenda explosión en un tren de mercancías provocó un cráter de 15 metros de profundidad, derribó los postes de conducción eléctrica y provocó un incendio que calcinó todo lo que encontró a su paso en un radio de 600 metros.

Los efectos del desastre fueron devastadores, 161 personas perdieron la vida, 1 900 viviendas y edificios públicos fueron calcinados por las llamas, más de 7 000 personas quedaron sin hogar, otros tantos hogares quedaron sin suministro eléctrico, gas y agua, y sin alimentos.

La explosión fue tan potente que a unos 20 kilómetros en el interior de China la sintieron y pensaron que se trataba de un terremoto.

El hermético gobierno norcoreano dio la callada por respuesta sobre las causas del accidente, los analistas internacionales barajaron varias opciones, la primera versión, basada en filtraciones gubernamentales,, era que el tren transportaba fuel oíl y había chocado contra dos vagones estacionados en la vía , esta hipótesis no era muy plausible pues el incendio había sido tan virulento que era difícil que hubiese sido causado por la combustión del fuel.

La otra versión apuntaba a un choque de trenes de los que uno transportaba petróleo y el otro gas natural licuado.

Pero lo que hizo sonar todas las alarmas fueron las imágenes que se filtraron sobre la recogida de los cadáveres, los equipos de rescate portaban vestimenta protectora contra las radiaciones y los cuerpos eran depositados en féretros recubiertos de plomo, aquello olía que apestaba a accidente nuclear.

Cuando se filtró que un avión de carga sirio, supuestamente con ayuda humanitaria aterrizó en Pionyang (la capital) se pudo apreciar que algunos ataúdes eran introducidos en su bodega, se informó que eran de ciudadanos sirios. El mundo, se preguntó ¿qué hacían ciudadanos sirios en Corea?.

Y para añadir más morbo al asunto el gobierno norcoreano prohibió, por un periodo de ¡cinco años! , el uso de teléfonos móviles, algo olía a podrido en este tema y no era precisamente a pescado.

El mundo se preguntaba qué había pasado realmente, nadie sabía nada

El Mossad si lo sabía.

Israel había desarrollado un localizador GPS que era del tamaño de la uña del dedo meñique pero super potente, además era fino como una lámina de plástico, prácticamente indetectable y se podía fabricar en el color que se desease. La RAW quería uno. Y aunque los israelitas eran renuentes a entregar tan preciado tesoro pensaron en eso de: «es de bien nacidos ser agradecidos».

Los hindúes les habían refrescado, convenientemente, la memoria sobre aquella fructífera noche londinense.

En una de nuestras partidas de golf, Fátima me transmitió la noticia, ¡ya tienes tu regalo de Navidad!, utilízalo bien que ha costado mucho obtenerlo Te lo entregaran en la fábrica uno de sus agentes.

La noticia ni me alegró ni me dejó de alegrar, sabía que cada día que pasaba me estaba revolcando más en el fango y poniendo en peligro mi vida, pero había que apretar los dientes y seguir adelante.

LA CARGA DEL REACTOR

Conociendo el secreto más oculto del vicemariscal procuraba que con el tema del golf el matrimonio me invitara a menudo a cenar o almorzar en la base, en una de esas visitas el aviador me lanzó una sibilina petición, estaban construyendo un hangar especial a prueba de bombas y necesitaban mucho cemento y el presupuesto, como todos los presupuestos estatales, se había disparado. Capté la indirecta y me ofrecí a suministrarles, en prueba de amistad, unas diez toneladas de cemento, su cara se iluminó con la noticia.

Y lancé mi señuelo por si el pez picaba.

Parece como si estuvieran construyendo un refugio atómico, ¿es un hangar especial?, el militar bajando el tono de voz como si alguien estuviera escuchándonos, me susurró; -la semana próxima vamos a recibir un «pajarito» muy especial y no queremos miradas indiscretas-. ¡Bingo, blanco y en botella!

Le pedí permiso para visitar a mis amigos los mecánicos y me fui a visitar a Jimmy, el jovencito y a su preciosa esposa. Cuando llegue él estaba visionando un partido de rugby mientras su atractiva esposa se machacaba en el gimnasio para mantenerse en forma, dedicaba ocho horas diarias a tal menester.

-Mr. Juanjo que sorpresa más agradable-

-Gracias yo también tengo una sorpresa para ti, he hablado con unos inversores y están dispuestos a ayudarte y donar un millón de dólares para promocionar la carrera de tu esposa, pero hay varias condiciones, necesitan que les hagas un favor-

- Haré lo que sea por tal de satisfacer a mi esposa- Se notaba a leguas que el pobre hombre estaba enamorado como un becerro.

-Ella no debe saber nada, el que no sabe nada no puede decir nada ¿De acuerdo?. Ingéniatelas para decirle de donde has sacado el dinero, búscate una excusa, que te ha tocado la lotería, que has acertado en las carreras de caballos, lo que sea, pero no le menciones nada de los patrocinadores.-

-Los patrocinadores solo quieren que cuando lleque el misterioso avión que estáis esperando, cuando estéis con el cambio de distintivo coloques un pequeño trozo de plástico justo debajo del nuevo distintivo, ¿lo podrás hacer?

-¡Eso está chupao!

-Tan pronto como lo hayas hecho te ingresaran en una cuenta en un banco de las islas Jersey lo acordado. En prueba de confianza te ingresaran por adelantado 100 000 dólares para gastos-

-Y por último cuando hayas instalado la tirita y hayas confirmado el ingreso, di que tienes problemas familiares y lárgate, no comentes con nadie nada, ni que problemas ni adónde vas, lárgate inmediatamente ¿Me has comprendido?-

-Y finalmente cuando llegue el pájaro pega un anuncio en el tablón de la base que diga: «Vendo canario cantarín» y pon este número de teléfono, alguien se encargará de contestar-.

-Hazlo con discreción, que no te vea nadie, luego lárgate cagando leches-.

LA ESTRATEGIA

Cuando el transponder comenzó a emitir, la señal aunque débil fue captada por el satélite espía indio, la transferencia, como se había prometido, fue realizada y el joven matrimonio partió en busca de su particular El Dorado.

La fabricación de la bomba estaba muy avanzada y los pakis comenzaron a desarrollar su estrategia.

Sacarían su pájaro mágico por la noche y lo llevarían hasta unos 50 kilómetros de la frontera india para verificar si el aparato era detectado por el servicio de vigilancia indio.

El experimento fue un éxito total, para ambos bandos, el servicio indio detectó al pájaro pero no dio ninguna señal de ello. Los pakistanís se frotaron las manos, ¡indetectable!

Este éxito inicial llevó a los pakis a pasar a la segunda fase. Que consistiría en que el pájaro se pasearía a escasos cinco kilómetros de la frontera y recorrería toda la línea fronteriza. No hubo detección

La tercera fase era hacer una penetración rápida, entrar y salir del espacio aéreo indio. No pasó nada.

Este aparente éxito llevó a los pakis a la cuarta y última fase probatoria, el indetectable pájaro sobrevolaría impunemente todo el territorio indio, fotografiaría todos los puntos de interés y el alto mando escogería el lugar donde se lanzaría la bomba. Los indios se irían al otro mundo sin haberse enterado.

Y se inició la operación incursión profunda, el éxito parecía total el negro pájaro enviaba cientos de fotografías de alta resolución y tan nítidas y cercanas que se vislumbraban hasta los más mínimos detalles. Las tazas de Kashimiri Chai se alzaron en un brindis, alguno encendió un cohíbas y lanzó al aire el humo dibujando anillos concéntricos.

De pronto los monitores se quedaron ciegos, solo se veían rayas, pero la euforia era tan embriagadora que pensaron que era un fallo en las comunicaciones debido a la profundidad de la incursión, casi 2 000 kilómetros hasta la frontera con Bangladés. Los más de tres millones kilómetros cuadrados del territorio enemigo había sido escudriñados palmo a palmo, metro a metro.

Al clarear el día empezaron a sonar las alarmas, el nocturno pájaro no había regresado, el desconcierto era total el pájaro o había volado a otro nido o simplemente se había desvanecido.

Era una situación tremendamente embarazosa, no podían acusar a India de haberlo derribado porque esto les delataría y tampoco podían explicar al alto mando de lo que había ocurrido, los hindúes tampoco dijeron nada de violaciones de su espacio aéreo ni de aviones derribados. Nadie había oído nada, nadie había escuchado nada, nadie encontró los restos del avión. Mutismo total la censura india fue tan férrea que ni los espías pakis se enteraron de nada.

Así terminó el sueño suicida de unos lunáticos y comenzó una encarnizada caza de brujas.

LA CAZA DE BRUJAS

Se inició una incruenta pero terrible caza de brujas, el vicemariscal fue destituido como comandante general de la base y confinado en su casa, le retiraron el pasaporte, le intervinieron el teléfono fijo y le requisaron el móvil, los más beligerantes abogaban por arrestarlo y enjuiciarlo, los más precavidos, sabiendo de la influencia de la poderosísima familia Fakri optaron por el confinamiento.

Por otro lado ¿de qué se le podía acusar en un juicio?, habría que hacerlo en secreto, pero ya se sabe que si un secreto es conocido por más de una persona ese secreto deja de serlo. Decidieron que la mejor política era callar como puertas y aceptar el fiasco.

A los yanquis no les informarían de que habían perdido a su pájaro, no fueran a pensar, que estos yanquis últimamente están muy susceptibles, que se lo hemos vendido a los nuevos y millonarios jerarcas rusos. En boca cerrada no entran moscas, o como se diga ese refrán español en urdu.

A Fátima como la tenían catalogada como una frívola y casquivana (realmente la consideraban algo peor, pero lo disimulaban) decidieron, o eso parecía, ignorarla, pero la vigilaban y le pincharon el teléfono e intentaron jaquearle el móvil.

Ella seguía haciendo su vida de siempre, golf, cháchara intrascendente con las amigas y buena vida. Ella se afanó todavía más en demostrar que era coqueta, casquivana y ligera de cascos. era la coartada perfecta.

Todo los mandos de la base fueron reemplazados, el personal subalterno y el civil fueron interrogados e investigados. La censura sobre el invisible avión fue severísima, nunca nadie había visto ni oído hablar de ese imaginario aparato. El hangar especial fue desmantelado.

Lo que nunca había existido dejó de existir

Pero aun así y contraviniendo los deseos de sus gobernantes, los servicios de seguridad del país fueron puestos a trabajar, en el más estricto de los secretos, casi clandestinamente, el más activo de todos era el ISI (Inter Services Intelligence), pero los demás no le iban a la zaga,

el IB (Intelligence Bureau), la FIA (Federal Intelligence
Agency) y la FMU (Financial Monitoring Unit) trabajaban
a pleno ritmo.

Pidieron a la CIA que desplegaran unos de sus
satélites espías para cribar todo el territorio de la India, en
busca de lanzaderas de misiles, les dijeron. Los yanquis no
se quisieron comer ese marrón y se negaron. Ellos ya
tenían sus propios y numerosos problemas, la «china» que
se les había metido en su zapato asiático les estaba dando
muchos quebraderos de cabeza como para meterse a
solucionar los problemas de esos tíos con turbante y que
¡no comen hamburguesas!.

Tampoco hubiesen encontrado nada porque las
autoridades hindúes, tan inteligentes como siempre,
habían decidido derribar el aparato cuando sobrevolaba la
intrincada selva de Kasara Ghat donde sus restos serían
pronto cubiertos por la densa maleza e invisibles desde el
espacio.

Se instaló en todos los estamentos oficiales del
ejecutivo pakistaní una especie de paranoia, muchos
buscaban pero no les habían dicho que tenían buscar.

Se ordenó a los bancos informar de cualquier
movimiento financiero sospechoso, se inspeccionaron las
cuentas bancarias de los altos mandos de la aviación, sus
salidas al extranjero, a sus amantes (femeninas y del otro
género), nadie quedaba libre de sospecha.

Se activó a la red de espías en el interior de la India.

Nunca encontraron nada ni se enteraron de nada.

Mi paranoia de que todo el mundo me vigilaba se
acentuó, día a día iba in crescendo, empecé a pensar en

cómo escapar de este torbellino en que se había convertido hasta entonces mi apacible vida.

1 OPERACIÓN HUERTO

El primer ministro israelí a tenor de la información recibida convocó al gabinete de crisis y la decisión fue unánime había que destruir ese reactor.

Pero había que cerciorarse, sin el menor género de duda que a) el reactor no estaba ya operacional y b) de que el reactor tenía capacidad para poder fabricar una bomba atómica.

Decidieron desplegar a un equipo del grupo de elite del Sayeret Matkal, unidad de las Fuerzas Especiales de Israel en una arriesgada misión, había que infiltrarlo en Siria y que estudiaran los edificios y el entorno. Y tomaran muestras de arena y agua.

El plan consistía en transportarlos en dos helicópteros Sikorsky especialmente acondicionados para vuelos silenciosos a baja altura y dejarlos a escasamente dos kilómetros de la central, se aproximarían de noche a pie, con artilugios de visión nocturna y sin ser detectados tomarían muestras de arena y agua, y saldrían como habían llegado, silenciosos y sin dejar huellas.

Las muestras tomadas indicaban bajos índices de contaminación nuclear, por lo que se constató que el reactor todavía no estaba activo, de ser así, y para evitar una catástrofe ambiental y humana, la operación hubiese sido cancelada, según acordó el gabinete de guerra Israelita.

El 6 de septiembre de 2007 y en el contexto de la operación Huerto un grupo de combate conformado por el escuadrón 69° de F-15 Strike Eagle, seis F-16 Fighting Falcon y un avión de inteligencia electrónica de la Fuerza Aérea israelitas equipados con misiles Aire-Tierra AGM-6 Maverick y cargados con bombas de 227 kilogramos llevó a cabo un audaz ataque contra la central nuclear de Osirik en la región de Dayr az Zawr en Siria.

Iniciaron su vuelo de unos 1 300 kilómetros despegando desde su base en el desierto del Neguev, en dirección norte volando a escasos cuatro metros de las aguas del mediterráneo hasta alcanzar el espacio aéreo turco, viraron al este para adentrarse en Turquía y luego hacia el sur para a lo largo del rio Éufrates alcanzar su objetivo, todo el vuelo se realizó a baja altitud para evitar ser detectados.

Para evitar a los radares enemigos y los modernos sistemas de cohetes tierra aire que Siria había instalado, los Tor-M1 y Péchora-2A.8 que les habían sido suministrados por Rusia, los aviones intrusos utilizaron un novísimo sistema de camuflaje que les permitía desviar hacia blancos imaginarios los señales de radar. Las pantallas se llenaban de cientos de señales de aviones que repentinamente desaparecían, por lo que los operadores pensaban que el sistema funcionaba mal.

El comentario general era: «otra vez esta puta mierda rusa está fallando».

Una unidad Shaldag había sido infiltrada el día anterior para con rayos láser señalar con precisión el blanco. Fracasar no era una opción, no habría una segunda oportunidad.

Los Estados Unidos, el policía del mundo, fueron informados de lo que se pretendía hacer y les otorgaron su visto bueno. La operación fue dirigida por el Ministro israelí de Defensa General Ehud Barak, el militar más condecorado de Israel, un veterano de operaciones encubiertas que había participado personalmente en la Operación Cólera de Dios [2]

Los norcoreanos se delataron animismos porque aunque tanto la CIA como el Mossad tenían pruebas fehacientes de su implicación en el programa nuclear sirio, nadie había hecho mención de ello, era un secreto muy guardado por ambas agencias, se hacía realidad eso de que: «cuanto menos sepa tu enemigo lo que sabes de él, mejor para ti». Se apresuraron a condenar el ataque y presentar una queja ante la ONU porque varios ciudadanos de esa nacionalidad habían perecido en el ataque.

Los servicios de inteligencia habían detectado que el navío Al Hamed de bandera de Corea del Sur había arribado al puerto sirio de Tartus en el mes de julio. Los satélites le habían estado controlando desde su paso por el estrecho de Suez, dicho barco volvió tres meses más tarde supuestamente para descargar cemento. Su bandera no confundió a los servicios de inteligencia, el navío pertenecía a una empresa de Corea sí, pero no del Sur sino del Norte.

Como Israel nunca reivindica ni hace alarde de la autoría de ese tipo de ataques, los sesudos politólogos y analistas de salón hicieron cientos de cábalas y versiones, que si fue un ataque a los misiles No-Dong construidos en Corea del Norte y que Siria estaba intentando dotarlos de armas químicas., otros decían que había sido al Centro Árabe de Estudios de Tierras áridas y otros que a un laboratorio clandestino de drogas.

E igual suerte pasó con la fuente de la información, los rumores apuntaban a la sospechosa desaparición en Estambul del general sirio Ali Reza Asgari.

El grupo de inteligencia Stratfor afirmó sin el menor rubor que el general «otorgó a Israel los conocimientos necesarios sobre el programa de misiles sirio, para llevar a cabo el ataque aéreo».

Nadie pensó jamás en el juerguista científico sirio.

Solo el New York Times se aproximó a la verdad cuando el 14 de octubre publicó que el ataque había sido contra una central nuclear en construcción y que en el ataque había muerto unos técnicos norcoreanos que asesoraban y supervisaban la construcción.

Los sirios reaccionaron diciendo una de las mayores majaderías jamás dicha: «nuestras defensas antiaéreas han disparado contra aviones israelitas que han bombardeado zonas del desierto».

Por su parte el gobierno israelí se limitó a comentar: «nuestros servicios de Seguridad y nuestras Fuerzas de Defensa demuestran, siempre que es necesario, su determinación y coraje, nosotros no mostramos nunca nuestras cartas».

El líder de la oposición, Benjamín Netanyahu, se limitó a decir que ignoraba todo, pero que si los rumores eran ciertos felicitaba al gobierno por su eficaz acción. Su asesor personal, Uzi Arad, hizo un enigmático comentario: «Sé lo que ocurrió, y cuando salga a la luz dejará boquiabierto a todo el mundo»

Los israelitas se habían convertido con esta operación en expertos en demolición de centrales nucleares, en 1981 habían realizado otra operación de este género esta vez contra una central nuclear iraquí en lo que se conoció como Operación Ópera [3]

2 OPERACIÓNES ESPECIALES DEL MOSSAD

La operación Cólera de Dios no fue sino una más de las muchas arriesgadas, atrevidas y exitosas operaciones de los servicios de inteligencia israelitas.

En los juegos olímpicos de Múnich de 1972 un grupo de terroristas denominado Septiembre Negro irrumpió en la villa olímpica, secuestró y asesinó a once atletas judíos.

La entonces primera ministro de Israel la corajuda y decidida Golda Mier se juramentó que ese abominable asesinato no quedaría impune.

Pidió a su servicio secreto que pergeñara un plan para encontrar y terminar con todo aquel que por activa o por pasiva hubiese estado involucrado en ese execrable acto. Había nacido la operación Cólera de Dios.

Fue un operación implacable, sin límite de tiempo y espacio, allá donde se encontrara un culpable sería aniquilado.

Durante catorce largos años los judíos no cejaron en su empeño y uno tras otro fueron detectados y ejecutados.

La versatilidad del Mossad es tal que lo mismo secuestra y traslada a Israel para ser juzgado al criminal de guerra nazi Adolf Eichman que desenmascara a Ultich Schnaft que camuflado como militar israelí quería borrar su pasado como miembro de la tenebrosas Waffen-SS nazis.

Para el Mossad lo único que importa es la salvaguarda de la integridad de su pequeño país, por eso no distingue entre amigos o enemigos. Si necesita los planos del caza francés Mirage para desarrollar su propio caza, y no depender de los designios de potencias extranjeras, no tiene pudor en apoderarse de ellos.

Israel había comprado a Francia varios aparatos Mirage 5, el egocéntrico y arrogante general De Gaulle, La France c'est moi, a la sazón presidente de Francia llevado de su antisemitismo decretó el embargo de la entrega y no cumplió lo firmado.

El Mossad en una acción de espionaje industrial consiguió los planos originales, y en base a ello la IAI (Israel Aircraft Industries) fue capaz de fabricar una versión mejorada del aparato francés. El Kfir (cachorro de león en hebreo) es un aparato de 5ª generación dotado de una aviónica totalmente israelita y propulsado por una versión modificada del motor General Electric J79.

Si un avión es secuestrado y sus pasajeros son retenidos en el aeropuerto de un país africano, montan una operación de rescate y los liberan, o realizan la misma hazaña con los judíos etíopes.

La operación Moisés consistió en que durante cuatro años una empresa de turismo había instalado y regentado en la parte del mar rojo de Sudán un complejo vacacional, era la coartada perfecta para que los judíos etíopes que se desplazaban a pie hasta Sudan fueran embarcados y evacuados a la tierra prometida. Cuando la operación fue descubierta el complejo fue abandonado, los huéspedes fueron dejados al albur de las autoridades sudanesas.

Un judío de origen marroquí que prestaba sus servicios en el centro de Investigación nuclear del Neguev, decidió hacerse rico, fotografió importantes documentos y se los ofreció al periódico londinense The Sunday Times.

Los periódicos serios, no el panfleto español titulado Lo País, cuando alguien le ofrece material sensible lo primero que hacen es contrastarlo y asegurarse de su veracidad. El periódico contacta con el MI6 y este con el Mossad.

Una agente llega a Londres y entra en contacto con el prófugo y se inicia lo que en el argot es conocido como sexpionaje, sexo a cambio de información. La chica persuade al traidor de que la acompañe en un viaje de placer a Roma, abordan un taxi que los conduce a un apartamento, la chica le dice que es de una amiga que está de viaje.

La joven le abrazó, el sintió un pequeño pinchazo en el brazo.

Cuando el viajero abrió los ojos estaba en una cárcel en Israel, acusado de alta traición.

Y como si haces un favor, el favorecido queda en deuda, también hacen «trabajos de encargos» para potenciales «amigos».

No todo fueron éxitos, también hubo algunos sonados fracasos.

En 1984 el régimen militar nigeriano solicitó un favor, querían traer de vuelta a casa al incomodo líder opositor, exiliado en Londres, Umara Dikko.

Un agente del Mossad secuestró y drogó al disidente, con la idea de ocultarlo en la valija diplomática y enviarlo con sus paisanos.

La operación fue frustrada por las autoridades británicas

En 1997 el dirigente del grupo terrorista Hamás, Khaled Meshaal llevaba una apacible y confortable vida en Jordania, dos agentes del Mossad decidieron que esta terminara de forma violenta, planearon asesinarlo.

Pero, a pesar de que los servicios de inteligencia jordano y el Mossad estaban «a partir un piñón» y habían colaborado en numerosas ocasiones en operaciones encubiertas., esta vez el plan falló.

Para cubrir las apariencias el primer ministro Netanyahu y el Rey Hussein protagonizaron unos agrios enfrentamientos, el paripé funcionó, a los ojos del mundo islámico el pequeño pero orgulloso Rey había puesto a los judíos en su sitio.

Hubo agrios intercambios de comunicados diplomáticos pero al final todo quedó en «agua de borrajas».

3 OPERACIÓN ÓPERA

Desde principios de la década de los años 30 del pasado siglo, este país ha pasado por una serie de vicisitudes y acontecimientos sin los cuales no se entendería el Irak de finales de siglo.

En 1932 terminado el mandato Británico sobre el país se instauró una monarquía totalitaria que duró hasta 1958 cuando el coronel Abdul Karim Qasim dio un golpe de estado y derrocó al corrupto e ineficaz régimen monárquico para instaurar una dictadura militar igual o más corrupta e ineficiente.

El Rey Faisal y toda su familia fueron ejecutados, según la tradición golpista de no hacer prisioneros.

En julio de 1968 el partido Árabe Socialista de Irak, el Baaz orquestó otro golpe de estado contra la República Árabe de Irak, golpe dirigido por Ahmed Hassan al-Bakr, Abd ar-Razzaq an-Naif y Sadam Huseín.

Aquí aparece por primera vez ese siniestro personaje, asesino y genocida de Sadam que traicionando a tirios y troyanos en 1979 se hizo con el poder absoluto.

Un psicópata y despiadado individuo se convertiría en el mayor genocida de su pueblo.

EL PROGRAMA NUCLEAR

Desde comienzos de la década de los 60 del pasado siglo Irak se había embarcado en un programa de investigación nuclear y en los setenta decidió adquirir un reactor.

En 1975 firmó un acuerdo de colaboración nuclear con Francia esta entregaría a Irak un reactor tipo Osiris, 72 kilogramos de uranio enriquecido al 93% y la formación del personal iraquí. El acuerdo entró en vigor en 1976.

En 1979 en los terrenos del Centro Nuclear de Al Tuwaitha al suroeste de Bagdad comenzaron los trabajos de construcción de la central nuclear. Que albergaría un reactor de agua ligera y una capacidad de 40 megavatios.

En julio de 1980 Francia hizo entrega de 12,5 kilogramos de uranio altamente enriquecido, este era el primero de los seis previstos, hasta completar los 72 kilogramos acordados.

Ese dato estaba en los papeles fotografiados por el Mossad en el hotel londinense. El gobierno israelita llegó a la conclusión de que el reactor estaba presto a entrar en funcionamiento. Y aunque el régimen iraquí y algunos expertos internacionales negaban la capacidad de ese tipo de reactor para producir un artefacto nuclear ellos no las tenían todas consigo.

El solo pensar que podría hacer con una bomba nuclear un psicópata desnortado como estaba demostrando ser Saddam Hussein ponía de los nervios a los jerarcas judíos.

Y tan resolutivos como es habitual en ellos, decidieron que era mejor prevenir que curar, resolvieron impedirlo a su manera.

En junio de 1981, en un audaz y temerario ejercicio, una escuadrilla de la IDF (fuerzas de defensa israelí) compuesta por cazabombarderos F-16 A escoltados por cazas F-15A bombardearon y destruyeron el reactor.

Se acabó de esta manera el sueño del dictador de destruir Israel.

LA PLANIFICACIÓN

Como dice el refrán español: «Del dicho al hecho hay mucho trecho».

La operación no tenía nada de sencilla, los atacantes tendrían que recorrer 1 600 kilómetros y sobrevolar el espacio aéreo de Jordania y Arabia Saudita sin ser detectados.

Los expertos planificadores israelitas pergeñaron un plan audaz y muy bien organizado, emplearían bombarderos F-16A Netz en misión de ataque profundo, escoltados por un grupo de cazas F-15A Baz Tanto los bombarderos como los cazas tendrían que poseer la capacidad de ir, golpear y volver sin repostar, algo más de 3 200 kilómetros.

El bombardeo tendría que ser de precisión, no se presentaría una segunda oportunidad.

Para burlar a los sistemas de detección y seguimiento de los países que sobrevolarían lo harían comunicándose por radio en árabe para simular que eran escuadrillas de esos países en misiones de entrenamiento.

El éxito de la operación fue total.

Cuando la operación se hizo pública la sociedad occidental, sobre todo la europea y especialmente la española, tan pusilánime y apocada estallaron contra Israel. Ya se sabe la misma demagogia barata de siempre.

IV LA CONEXIÓN INDO-ISRAELÍ

En la década de los 70 un anodino ciudadano pakistaní llamado Abdul Qareen Khan[1], un físico nuclear trabajaba como traductor en un laboratorio de investigación perteneciente a la multinacional Urenco[2]

Su trabajo consistía en traducir los diseños de las centrifugadoras enriquecedoras de uranio, pero el insignificante personaje no se limitaba a traducir los planos, también los fotografiaba y copiaba y como buen ciudadano y fervoroso creyente islámico, los entregaba a su país, Pakistán.

Esta actividad, llamémosla extra curricular, no pasó desapercibida para el AIVD neerlandés (El Servicio General de Inteligencia y Seguridad). Este servicio trasladó sus sospechas al laboratorio, que en 1975 lo despidió. Las multinacionales huyen de los escándalos, como hacen los gatos escaldados del agua caliente.

Este trabajo de espionaje le fue ampliamente recompensado cuando el primer ministro pakistaní Zulfikar Ali Bhutto impulsó el programa nuclear de su país.

Abdul se unió al proyecto 706, como se enmascaró el programa nuclear pakistaní, y fue puesto al frente de los

Laboratorios de Investigación de Ingeniería, desde esa privilegiada posición ordenó construir una instalación muy avanzada de enriquecimiento de uranio en las cercanías de Islamabad.

Posteriormente fue promovido a director del proyecto 706.

Y como era de esperar en un ladrón de documentos no siempre las artes de Abdul fueron modélicas, sus métodos resultaron cuando menos delictuosos.

Para no llamar la atención sobre el programa nuclear creó un entramado de empresas en más de treinta países para comprar y transportar materiales estratégicos sin que los servicios de espionaje de varios países, que le seguían la pista, tuvieran constancia de estos hechos.

El OIEA[3] (Organismo Internacional de Energía Atómica) no fue informado y ni se enteró de los tejemanejes del astuto sujeto.

Pero como se suele decir: «la cabra siempre tira al monte».

Una vez conseguido su objetivo de construir la bomba, Qareen, motu propio se dedicó a «compartir» la tecnología con pises tan «respetables y democráticos» como Corea del Norte y el Irán de los Ayatolás.

Corea del Norte a su vez «compartía» esa tecnología con Siria.

Este tráfago no pasó desapercibido para uno de los mejores servicios de inteligencia de Asia, el RAW hindú (El Servicio de Inteligencia Exterior)

En una recepción en la Embajada nigeriana en Londres, a las que Abdul gustaba asistir, para establecer relaciones, alguien vertió unas gotas de un potente somnífero en su chivas 18, al cabo de un tiempo se sintió cansado, se disculpó con el anfitrión y regresó a su hotel, aun no se había desvestido cuando cayó en un profundo letargo. La cerradura de la puerta se deslizó lenta y silenciosamente, tres individuos con ropas como de submarinistas y el rostro cubierto penetraron en la habitación con tal sigilo que el guardaespaldas de Abdul que dormía en la otra habitación de la suite ni se enteró. Aunque de haber despertado de nada le hubiese servido, solo para convertirse en hombre muerto. Uno de los intrusos le estaba apuntando con su pistola con silenciador, un mínimo movimiento y pasaría de matón a cadáver.

Con total impunidad abrieron el maletín de Qareen y fotografiaron toda su documentación con especial atención a su agenda donde, con una clave muy rudimentaria, estaban todos sus contactos, aquello era oro puro.

Y dado que en estos «trapicheos» estaban involucrados países que habían jurado en el altar de los Dioses odio eterno a Israel y que se habían propuesto como meta irrenunciable la destrucción del estado judío, el RAW no tardó en compartir tan interesante información con el Mossad.

Pero ¿Cómo hacerlo? Los espías del RAW y del Mossad estaban muy controlados por el ISI pakistaní. Había que buscar alguien libre de sospechas y los hindúes ya lo tenían.

LA CONEXIÓN

En mi genética ingenuidad me las prometía muy felices, pensaba que con el tema del avión indetectable había hecho mi trabajo, que podría reanudar mi vida anterior, volver a la rutina de la fábrica y sus problemas.

Mi ignorancia en ese tenebroso mundo no me hizo sospechar que una vez que entras en ese universo ya no tienes salida, a menos que te conviertas en un prófugo o pases a mejor vida. No sabía que los servicios secretos de cualquier país son como esos perros Pit Bull Terrier o Rottweiler que cuando agarran una pieza no la sueltan ni matándolos.

El rector de la Universidad de Sargodha me había invitado a pronunciar unas charlas sobre Gestión de Proyectos y sobre la tecnología del cemento, materias en las que se suponía era un experto.

Al concluir la segunda charla, estábamos en una tertulia saboreando el clásico Kashimiri chai cuando un joven bien trajeado, al estilo occidental, y modales muy educados se dirigió muy respetuosamente a mí: -¿Sr. Juanjo podría dedicarme unos segundos?

-Por supuesto, ¿Qué desea saber?-

-Podríamos hablar en privado? Por favor

Me intrigó tanta precaución, pero me atrae el riesgo, a veces la curiosidad me mata, accedí e hicimos un aparte.

Se presentó como el Sr. Koeman catedrático jefe del departamento de computación aplicada, aquello me sonó y olió a «cuerno quemado», que hacía una persona tan joven en ese mundillo que empezaba a parecerme un peligro para la humanidad, todo robotizado, las llamadas a los teléfonos de servicios técnicos contestadas por un robot, todos controlados por el gran hermano.

Me preparaba mentalmente para una charla sobre el cambio climático, la sociedad del despilfarro, el peligro nuclear y todas esas «gilipuerteces» de la cultura woke, cuando me sorprendió diciendo: «Tengo que hablarle de un tema importante, ¿qué le parece si hacemos unos hoyos mañana al atardecer?

Aquella forma de hablar, tan directa no me pareció una petición sino una especie de orden, pensé mandarle a «paseo» ante lo que me parecía una insolencia, pero algo me contuvo, si el joven me hablaba así, un chico tan educado y con tan buenas maneras era enviado por alguien, alguien con poder, con mando en plaza.

En el green del hoyo 7, me susurró, como si alguien estuviera escuchándonos la fatídica frase: «Desgraciadamente, los cerezos, etc».

Me quedé atónito, me decía ¡no, otra vez no!

-¿Quién eres? Pude al fin balbucear, ¿qué ha pasado con Fátima?

-Soy su nuevo contacto, Fátima está bien, pero desde que defenestraron a su marido esta quemada y los gerifaltes han decidido meterla en la nevera-

-Joven no entiendo vuestra jerga, ¿qué cojones significa eso de meterla en la nevera, os la habéis cargado?

-No se ponga melodramático Míster Juanjo, usted ha visto muchas películas de espías de cuando la guerra fría, ahora no se hacen esas cosas, meterla en la nevera significa que, de momento, no tendrá actividad alguna, será un activo durmiente y la activarán cuando lo crean necesario. Ya no matamos a nadie-.

-¿Y que tengo que hacer ahora, me dejareis de una puñetera vez, tranquilo? Estaba empezando a cabrearme.

-Solo queremos que entregue esto en Lahore-.

Me entregó un pequeño sobre y al tacto noté que contenía algo sólido y alargado. ¿Qué carajo es esto, se supone que voy a ir a Lahore con esto, que contiene?

-Su contenido no es su problema-, me contestó tajante.

-Si que lo es porque si me pillan con él y tiene información comprometida el que va a «chirona» o dan «matarile» es a mí no a usted-.

-Si le pillan usted será portador de un disco que contiene un archivo corrupto-.

-¿Qué es eso de un archivo corrupto?- No conseguía entender toda esa jerga informática a pesar de que llevaba años empleando ordenadores.

-Significa que cuando lo abran, si lo consiguen abrir, porque está encriptado, solo verán unos símbolos extraños[4]-.

No es que me tranquilizara mucho la respuesta pero era cristalino que no me podía negar, otra vez me sentía atrapado en esa tela de araña que tan hábil y pacientemente habían tejido para mí.

El profesor me instruyó con todo detalle los pasos a seguir.

-El jueves va al club de golf a jugar una partida, despide a su chófer, dígale que vuelva a Jauharabad y que le recoja al atardecer, le comenta que va a estar todo el día en el club, en su taquilla encontrará un shalwar kameez, y una Jinnah Cap, afuera le estará esperando un hombre que le preguntará si desea un taxi, ¡sígale!-

-Tiene habitación reservada en el Holiday Inn del aeropuerto-

-Regístrese y por la tarde vaya a la oficina de información del Shalamar Gardens y solicite un plano de Lahore a escala 200, el funcionario le contestará que solo tienen a escala 100, entregue el diskette y pasee tranquilamente por los jardines, compórtese como un visitante más.

Jasmín era la hermana menor de Nadeen el hijo de la dueña de la casa donde yo moraba.

Tendría unos 10 años y ya dejaba traslucir que pronto se convertiría en una jovencita muy bella, era esbelta, con un cuerpo bien proporcionado, piel color canela clara, pelo negro azabache y una sonrisa permanente que le alegraba su carita infantil, ojos de un negro profundo, vivaces, saltarines y muy inquisidores. Y tenía toda la pinta de ser una chica muy activa e inteligente, parecía estar siempre ojo avizor, no se le escapaba nada de lo que ocurría en su entorno.

Nadeen tendría veinte y pocos años y se había convertido en una especie de ángel de la guarda, era un chico diligente e inteligente y dispuesto siempre a ayudarme. Exudaba confianza por todos los poros de su cuerpo.

Tenía esa cualidad tan difícil de encontrar en las personas que es caer bien a todo el mundo, tenía amistades en todas partes. De modales pausados, era respetuoso y servicial.

Aislado en una sociedad a la que no conseguía entender ni integrarme, su ayuda me resultaba imprescindible, si necesitaba un médico el conocía a uno, un día le comenté que me gustaría montar a caballo, resultaba que él tenía un amigo que tenía estos animales, así que concertó una visita con su amigo, si deseaba un lugar tranquilo para practicar golf, él conocía el sitio ideal.

Era lo que se conoce como un «conseguidor».

Nadeen se había convertido en algo así como mi protector, todos los días al atardecer venía a visitarme por si necesitaba algo.

Casi siempre traía a su hermanita con él, nos sentábamos los tres en el porche a hablar de todo y de nada. Para mí era como leer el periódico, él me contaba todos los chismes, dimes y diretes de la localidad, conocía a todos y sabía todo de todos. Hubiese sido un espía perfecto.

Tanto ella como su hermano parecían que me olfateaban, nada más llegar a casa ya estaban ellos allí, a veces Jasmín venia sola, y excusaba que su hermano no pudiera venir porque se estaba ocupando de algún asunto de su familia, su madre había enviudado hacia poco tiempo y era el varón mayor de la familia.

A Jasmín le encantaba sentarse en el porche a escuchar cantar a los dos canarios que tenía. Siempre me han gustado los canarios, desde muy pequeño he tenido uno, será por la influencia de mi tío Manolo que sentía pasión por ellos y los criaba.

Un día le pregunté si le gustaría ayudarme a limpiar las jaulas, cambiarle el papel del suelo, limpiar los recipientes de agua, bañera y bebedero, rellenar los comederos y ponerle las hojas de lechuga y el trozo de pan que siempre les ponía.

Parece que le gustó tanto que me pidió que la avisara la próxima vez que lo hiciera, me dijo que le encantaría ayudarme.

Le dije: -Como veo que eres una chica muy inteligente y diligente, te propongo un trato, tú vienes a limpiarlos y alimentarlos cada día y yo te doy dos rupias y un refresco ¿Qué te parece?-

-Dio un salto de alegría y exclamó toda alborozada, ¡de acuerdo!-

Así se inició una relación que fue más allá de una vecindad, se convirtió en mi colaboradora.

Un viernes al regresar de mi fin de semana en Lahore, vino a visitarme.

Nada más saludarme me dijo:-Míster., siempre me llamaba así. Míster a secas, -esta mañana dos hombres han estado hablando con los guardias de seguridad y le hacían preguntas sobre usted-

-¿Qué le preguntaban, los oíste?-

-Oía algo pero no me enteraba bien, estaba jugando en la calle con otros niños-

-No te preocupes, serían amigos de los guardias-

-No, no eran amigos, porque cuando se acercaron a la verja, llamaron a los guardias y le mostraron algo y los guardias lo miraron y se pusieron derechos-

-Que quieres decir con derechos-

-Que se pusieron como los soldados cuando llega el jefe-

-No le presté demasiada importancia.

Había dado el contrato de limpieza de la fábrica a un joven recién regresado de América, Abbas se llamaba, que comenzaba en el mundo de los negocios y me pareció digno de ser ayudado.

Tenía una historia que me pareció cuando menos estrafalaria, sus padres lo habían enviado a los Estados Unidos donde residía un hermano de su madre, desde hacía muchos años, pero no se adaptó al estilo de vida americano, me decía todo compungido. -Mr. Juanjo, no me gustaban esas libertades de las chicas americanas, que me acosaban y se me insinuaban, que iban casi desnudas, fumaban, bebían, y decían palabras soeces. Pero lo que no podía entender es que mi tío se levantara todas las mañanas a preparar el desayuno y luego se lo subiese a su mujer que estaba tan cómodamente en la cama. Sentía vergüenza de mi tío que en vez del máster parecía un criado. Me tuve que venir, esta sociedad es la que me gusta. Esta sociedad nuestra es perfecta.

Le escuchaba y me callaba mi opinión.

Un día vino a casa a informarme, tenía un familiar que detentaba un puesto importante en uno de los cinco servicios de información que había en el pueblo.

Le habían dado un recado para que me lo transmitiera.

-Avisa a tu «amigo» que tenga mucho cuidado cuando viaje con el coche, hay muchos accidentes, avísale que cambie diariamente de itinerario y a ser posible que lleve guardaespaldas armados.-

El aviso me preocupó, esto era más grave de lo que imaginaba, hablé con mi jefe, le conté el tema y me asignó un guardaespaldas armado con una metralleta y aleccionó al chófer a estar muy pendiente de la carretera y conducir con la máxima prudencia.

Cada día al emprender la marcha hacía la fábrica me venía a la mente el mismo pensamiento, a ver si va a resultar que como le pasó a la primera ministra de la India Indira Gandhi[5] que el asesino es mi propio guardaespaldas.

Había estado unos días de vacaciones en Tailandia y al regresar de esas merecidas y relajantes vacaciones, Jasmín vino a verme apresuradamente, muy excitada.

-Míster., aquellos hombres que preguntaban por usted vinieron otra vez hace unos días y entraron en la casa-.

-¿Cómo que entraron en la casa, no estaban los guardias?-.

-Estaban pero los hombres le enseñaron algo y los guardias los dejaron pasar-.

Aquella intromisión en la casa con la connivencia de mis guardias de seguridad ya eran palabras mayores, algo se estaba cociendo y me temía que el condimento era yo.

Al día siguiente me fui a ver a uno de los servicios de información menos belicoso conmigo, no eran amigos pero tampoco enemigos.

Su jefe me recibió como siempre con buenas palabras y gestos de amistad. Le espeté: «muy buenas palabras, el mejor chai y luego mandas registrar mi casa, ¡vaya amigo!».

Mr. Juanjo, te prometo que nosotros no hemos sido, pregunta en los otros servicios.

Desde ese día empecé a pensar en escapar, no sabía cómo hacerlo pero sabía que lo tenía que hacer.

Mientras tanto había que seguir aparentado normalidad.

Tenía que comunicarme con Fátima, si a mí me estaban vigilando a ella le estarían haciendo igual. ¿pero cómo hacerlo?. Personalmente era una temeridad y una delación.

Me remordía la conciencia, pero decidí usar a Nadeen y a su hermanita.

No puso objeción alguna, estaba dispuesto a arriesgarse por ayudarme, se sentía avergonzado de la policía de su país, me pidió que le escribiera lo que tenía que decirle a Fátima, porque tenía mala memoria y se olvidaría de algunas cosas.

Jasmín dio prueba de su inteligencia y le dijo, si llevamos algo escrito y nos registran lo encontraran. Resuelta se dirigió a mí: -Míster, dígame lo que quiere que le diga, yo me acordaré-

Le dije el mensaje y para cerciorarme que era cierto eso de la excelente memoria, le pedí que lo repitiera, cosa que hizo al pie de la letra, me impresionó, llegue a pensar que más que cerebro parecía tener un disco duro en su cabecita.

Era enternecedor oírla repetir como un papagayo palabra por palabra, con puntos y comas todo lo que le había dicho.

Salí del club de golf disfrazado de esa guisa y el hombre me abordó, era fuerte como un roble y su andar era decidido y rotundo, se apreciaba a ojos vista que había recibido entrenamiento militar.

El vehículo era un moderno Toyota Land Cruiser de color azul marino y con los cristales de las ventanas tintados.

El individuo no pronunció una sola palabra en todo el recorrido, iba totalmente concentrado en la conducción, extremaba al máximo las precauciones, se veía que le habían aleccionado muy bien, para evitar cometer infracciones o tener cualquier incidencia, comprobaba continuamente por el espejo retrovisor que no nos seguía nadie.

Aproveché el largo y tedioso viaje para releer una y otra vez las dichosas instrucciones del teléfono móvil que me habían entregado, un aparato enorme y pesado, que empezaban a hacer furor entre los pakistaníes, los veía en el vestíbulo del hotel colgados del enorme aparato, parecía que no podían vivir sin estar hablando horas y horas con el dichoso juguetito No imaginaba que para mí iba a resultar tan útil.

Me registré en el hotel, descansé un rato, mientras el individuo merodeaba por el vestíbulo escudriñando a la concurrida clientela, esa era la principal cualidad del hotel, ese trafago de gente me haría parecer un turista más.

Al atardecer nos dirigimos al Shalamar Gardens me acerqué a la oficina de información y siguiendo lo previsto entregué el diskette.

Como me habían instruido estuve paseando por los jardines, tres pasos detrás lo hacia el forzudo individuo, que no me perdía de vista ni un instante, lentamente se acercó y dijo sus primeras y únicas palabras que le oí en casi todo el día que llevábamos juntos.

Me susurró, Míster nos tenemos que ir y con una indicación de su cabeza me insinuó que mirara a dos mujeres que vestían shalwar kameez negras, se cubrían la cabeza con una hiyab toscamente colocada y se tapaban la cara con una nigab del mismo color que solo les dejaba ver los ojos, las mujeres estaban sentadas en un banco observándonos, estaban en una postura muy poco femenina, poco decorosa, como derrengadas y con las piernas abiertas y lo que despertó mis sospechas fue su calzado, esos zapatos no eran femeninos eran claramente zapatos de hombre.

Empezamos a caminar lentamente hacía la salida, ellas se levantaron y nos siguieron por el camino de las fuentes, caminaban por un sendero paralelo al nuestro, sin dejar de observarnos. El grandullón me gritó: ¡corra hacia la salida donde está el coche!, él emprendió una veloz carrera hacia las dos mujeres, que por un momento quedaron como petrificadas, tardaron unos segundo en reaccionar, intervalo que aprovechó el grandullón para agarrarlos por sus cabezas y estrellar una contra otra, esto las dejó momentáneamente aturdidas.

Como pude me arremangué el shalwar kameez y corrí como nunca lo había hecho en mi vida, mi guardaespaldas pasó a mi lado como si fuera un fórmula 1, de manera que cuando, jadeante y sin aire, alcancé el vehículo este ya tenía el motor en marcha, salté al interior y el coche salió disparado como si fuera un potro salvaje al que habían clavado las espuelas.

El coche dio un violento giro a la izquierda y enfiló la avenida Shamatpura, nos saltamos todos las semáforos y puestos de la policía que regulaban el tráfico, no sé de dónde salieron dos coches de policía que haciendo sonar sus estridentes sirenas nos conminaban a detenernos, hicimos caso omiso, el hombre era experto en este forma de conducir, sorteaba a los otros coches de forma peligrosa pero segura, los policías a duras penas nos podían seguir, empezaron a disparar sus armas, el vehículo debía estar blindado porque las balas rebotaban en la carrocería, los cristales recibieron algunos disparos pero no se rompieron, al llegar al cruce con la L20 nos saltamos el semáforo que estaba en rojo, casi de milagro nos salvamos de colisionar contra un autobús urbano que iba atiborrado de pasajeros, no tuvieron igual suerte los dos coches de policía, el incendio se propagó al bus, los pasajeros saltaron despavoridos, el caos era tremendo, lo que nos permitió rebajar nuestra velocidad y aparentar tranquilidad.

Llegamos al aeropuerto, aparcamos en lugar bien visible, queríamos aparentar que nos habíamos escabullido en el primer vuelo internacional que hubiese salido.

El hombre, que había tomado las riendas del tema, me dijo quédese allí en aquel parquecito, sentado, no se mueva, aparente dormitar, vuelvo ahora y desapareció en el interior.

Por un momento pensé seguirlo, pensaba; ¡a ver si este cabrito agarra un avión y se larga y me deja aquí abandonado a mi suerte!, de un espía se puede uno esperar cualquier cosa.

Estaba sumido en estos negros pensamientos, cuando oí que me decían, míster ¡vámonos!.

Me condujo a un reluciente Volvo S-60 de color plateado y unas líneas aerodinámicas preciosas.

-¿Y adonde se supone que vamos, yo no puedo volver a Jauharabad!-

-Vamos a Islamabad, trataré de llevarlo a la embajada española, aunque será difícil acceder sin ser detenidos porque estará bajo vigilancia del ISI-

Tanta tensión vivida me había dejado agotado física y mentalmente, me adormilé, el coche era muy silencioso y los asientos traseros muy confortables, cuando desperté también se despertó mi mente.

Mi cerebro empezó a carburar a marchas forzadas, si no podía acceder a la embajada si lo podría hacer a la vivienda de María del Mar, la pizpereta y simpática gaditana encargada del departamento de visados y pasaportes, pero ¿Cómo contactar con ella y pedirle ayuda?, no podía presentarme en su casa así como así y decirle me tengo que quedar unos días aquí. ¿No te importa?

Estaba exprimiéndome el cerebro buscando una solución cuando un coche nos adelantó y observé al temerario conductor hablando alegremente con su teléfono móvil. ¡Eso el dichoso, pesado y engorroso móvil!, A ver si soy capaz de hacerlo funcionar, busqué mi agenda en la bolsa de viaje que llevaba.

Tracé mentalmente un plan, arriesgado, pero que me parecía factible, empezaba a sospechar de todo y de todos, no me cabía la menor duda de que si fuera necesario el matón que me protegía no dudaría en meterme una bala entre ceja y ceja.

Como estarán buscando a dos hombres es mejor que nos separemos, que no nos vean juntos, como la Embajada estará vigilado, nos vamos a dirigir a Afganistán, a la embajada española en Kabul, allí no nos buscarán, la frontera está cerca y con el flujo de refugiados pasaremos desapercibidos, alquilaremos dos coches e iremos separados por unos cientos de metros.

Al individuo, que dicho sea de paso no parecía demasiado despierto, bruto y fuerte sí, pero cerebro más bien poquito, el plan le pareció bien, incluso hizo una sugerencia que me pareció acertada.

Nos dirigimos a la terminal de autobuses, en el mostrador de la agencia de alquiler de coches, mi guardaespaldas entregó el volvo que había alquilado.

Yo me dirigí al mostrador de otra agencia y alquilé un destartalado mercedes , poco después mi chófer hizo lo mismo en una tercera agencia.

Me vino a la mente un estúpido pensamiento, a pesar del estrés y la tensión, se me ocurrió que debía ser buen negocio eso de alquilar coches, tres agencias en el mismo sitio.

Recordé la sugerencia que me había hecho el bruto que me acompañaba: Míster, la Srinagar Highway está siempre muy concurrida, los atascos son frecuentes y además estará vigilada, tendremos que ir por carreteras secundarias, yo iré delante que conozco muy bien la zona, usted sígame a unos metros y ponga mucha atención, ¡no se pierda! O estará muerto.

Y eso fue precisamente lo que hice en cuanto tuve oportunidad ¡perderme!

[1] *ABDUL QAREEN KHAN*

Considerado el padre de la bomba atómica pakistaní, lideró el proyecto que convirtió a Pakistán en la novena nación en posesión de esta mortífera arma de destrucción masiva.

La proliferación de países que se convertían en potencias nucleares alarmó a la comunidad internacional, lo que dio lugar a la creación del Grupo de Suministradores Nucleares (GSN) con el objeto de restringir y controlar el acceso a esta tecnología y evitar que nuevos estado alcanzasen el estatus de potencia nuclear.

Qareen se las ingenió para burlar estos controles creando una red de empresas pantalla que adquirían los equipos de los fabricantes fingiendo ser los destinatarios finales, para luego derivarlos hacia Pakistán.

Cuando Pakistán explosiono su bomba en 1998, se quedó sin trabajo y como los malos hábitos no se olvidan, se dedicó a comerciar con el material que le sobraba y con la tecnología que poseía.

Había desarrollado un nuevo tipo de centrifugadora y como conocía a los suministradores de componentes se dedicó a la fabricación de estas y como el que vende lavadoras y frigoríficos se dedicó a ofrecérselas a todos aquellos que estuviesen dispuestos a pagar los altos precios. No hacía distinciones de razas, credos o ideologías, aquel que pagase se llevaba su nuclear «electrodoméstico».

Su producto se exhibía en ferias internacionales de tecnología y armamento, con alarde de folletos y videos promocionales, el resultado fue espectacular, todos los países deseaban disponer de este nuevo «juguetito», todos ansiaban tener su «bombita», los países parecían niños que quieren tener una mascota.

El Irán de los ayatolás se convirtió en un cliente prioritario, Qareen les vendió diseños y componentes de centrifugadoras y el psicópata y genocida dictador de Corea del Norte Kim-Jong-un también se convirtió en uno de sus principales compradores.

Y como no podía ser menos otro psicópata narcisista Saddam Hussein también acudió al supermercado a adquirir sus juguetitos.

En 1991 Irak invadió Kuwait lo que originó la intervención de una coalición internacional que a su vez invadió Irak y lo expulsó del prospero país, la OIEA inició labores de investigación sobre el programa nuclear iraquí, en resumen el negocio para Khan se fue a pique, Saddam no compraría.

Y como dice el axioma: «Todo lo que sube rápido tiene tendencia a caer igual de rápido».

Las autoridades pakistanís hacían el «tancredo» mirando para otro lado, Khan levantaba su emporio comercial, su empresa se estaba convirtiendo en una multinacional que abarcaba todos los aspectos del negocio, fabricaba componentes, los distribuía, asesoraba en su instalación y funcionamiento, y todo por empresas interpuestas para camuflar el origen y destino de los «juguetitos».

El epicentro de este sucio negocio era Dubái, allí se recibían los componentes manufacturados en lugares tan remotos como Malasia, o países como Turquía, Alemania y Francia. Y desde este emirato se distribuía a los verdaderos compradores.

Pronto se unió al carro el hombre que parecía ser el perejil de todos los guisos, el coronel Muamar el Gadafi, que lo mismo que Aníbal había jurado odio eterno a Roma, Gadafi había prometido destruir al mundo occidental y cristiano y se había convertido en el mecenas y financiador de un ola de terrorismo que estaba asolando al viejo continente. El lunático dictador también quería su bombita

Hay amistades que a la larga pueden resultar muy peligrosas, Libia llevaba muchos años en el punto de mira de los norteamericanos, de hecho la CIA había intentado finiquitarlo en varias ocasiones, y junto con el Mossad mantenían una constante vigilancia sobre todo lo que se movía en ese país.

En 2003 un navío de la sexta flota interceptó a un carguero alemán el BBC China que navegaba desde Dubái rumbo a Trípoli, un soplo les había informado que el buque transportaba componentes para el programa nuclear libio. El buque transportaba más de mil piezas para fabricar centrifugadoras.

Y sonó con fuerza el grito de:¡sálvese quien pueda!

El bravucón Gadafi se riló patas abajo, los yanquis acaban de invadir Irak y si se cabreaban podían hacer lo mismo con Libia y «tararí que te vi» Gadafi y sus sueños de grandeza. El libio pospuso, o canceló su programa.

La administración americana mandó un aviso a navegantes a las autoridades pakistanís o actuáis vosotros o lo haremos nosotros y ya sabéis la mala leche que tenemos a veces.

Los pakistanís actuaron, pero solo un poquito, que puede que sea un hijo de puta pero es nuestro hijo de puta, lo arrestaron y encarcelaron, unas vacaciones pagados que duraron cinco años.

Además es nuestro héroe nacional.

Y cuando un barril de excrementos explota salpica a todo aquel que se encuentra en la inmediaciones.

Las agencias de Inteligencia del Reino Unido, los Países Bajos y sobre todo la CIA habían estado monitorizando y controlando a Khan desde que trabajaba para la multinacional Urenco. Allá por años 70, conocía todo del sujeto, sus viajes a Corea del Norte, Irán y Siria.

El enigma era ¿Por qué durante 20 años los norteamericanos no habían movido un dedo?

La geopolítica, la dura y cruda realidad de los interese nacionales por encima del decoro y la dignidad.

En 1979 la URSS había invadido Afganistán y los Estados Unidos para desgastar a la Unión Soviética se lanzó a un programa de ayuda masiva a los afganos que combatían a los soviéticos y para ello necesitaba la colaboración de Pakistán, así que les dejaron las manos libres para desarrollar su programa nuclear. Cuando la URSS se retiró vergonzosamente, pero acertadamente, de Afganistán, Pakistán ya tenía su juguetito.

Y a los norteamericanas, tan ingenuos como siempre, las cañas se le volvieron lanzas, precisamente fue en Afganistán donde se planificó y se ordenó perpetrar el atentado que conmovió al mundo en el año 2001, el ataque contra las Torres Gemelas y el Pentágono.

El presidente Bush lanzó su guerra contra el Terrorismo y para acabar con el santuario que la organización terrorista Al Qaeda tenía en Afganistán , necesitaba la colaboración de Pakistán, el tema de Khan pasó a segundo plano. Los norteamericanos, como de costumbre, anteponiendo sus intereses por encima de cualquier otra consideración.

Abdul Qareen Khan murió en su cama a los 85 años.

Lo único positivo de este escabroso asunto fue que cuando todo este entramado delictivo salió a la luz, la comunidad mundial tuvo que reaccionar, sobre todo llevada por el pánico a que los grupos terroristas que estaban muy activos, sobre todo en Europa, pudiesen acceder a este mercado nuclear y entraran en posesión de armas nucleares miniaturizadas.

En 2003 se presentó la Iniciativa de Seguridad contra la proliferación de armas nucleares (PSI) a la que se adhirieron 107países.

En 2004, la ONU, como es costumbre en ella de actuar tarde, mal y nunca, decidió hacer algo, su Consejo de Seguridad aprobó una resolución por las que se obliga a todos sus miembros a endurecer los controles sobre exportación d materiales estratégicos.

Buenos propósitos resultados nulos

Los malos siguen haciendo lo que quieren ,cuando quieren y como quieren, caso Corea del Norte.

Pero los burócratas y los políticos blanquean con estas medidas sus negras conciencias, si es que las tienen.

[2] GRUPO URENCO

Es un consorcio que opera plantas de enriquecimiento de uranio en varios países europeos.

Su tecnología de enriquecimiento por centrifugación le ha permitido copar más del 20% del suministro de uranio a las centrales nucleares en más de 15 países.

Es propiedad a partes iguales a los gobiernos de Gran Bretaña y Países Bajos y al consorcio formado por las compañías alemanas de servicios públicos EON y RWE.

Tiene su sede central en Inglaterra

A partir de los años 80 comenzó a desmantelas alguna de sus instalaciones concretamente las conocidas como SP1, 2 y 3.

Lo último que se sabe de la actividad de este consorcio es que está vendiendo desechos radioactivos, uranio empobrecido, a la Rusia de Putin, que los volverá a enriquecer hasta su estado natural.

En marzo de 2009 hubo multitudinarias protestas de las ciudades que se vieron afectadas por el paso del mayor convoy de transporte de uranio empobrecido (DUF6) desde Alemana hasta la siberiana ciudad de Seversk

Unos 3 900 kilómetros.

³ LA OIEA

Ver nota 7 del capítulo I

⁴ SIMBOLOS

El «cerebrito» jefe del departamento de computación había desarrollado un software por el que cada letra era sustituida por un símbolo.

Le habían asignado la letra A al símbolo primero y así sucesivamente, había elaborado una plantilla como esta.:

€ £ ¥ ₮ ₹ ₺ ₴ ⋏ ₱ ₵ ∂ ∆ ∏ ∑ √ ∞ ∫ ≠ ♪ © $ & = > @ ? ! ^.

Que solo podría ser descifrable por un ordenador que contuviese el mismo software.

⁵ INDIRA GHANDI

Ver nota 8 del capítulo II

V DESAPARECIDO

Después de ser defenestrado de su puesto de comandante general de la base aérea, el vicemariscal fue confinado en su casa y su carrera militar quedó en suspenso.

Y como ya no tenía nada que perder, decidió salir del armario, pero por respeto a Fátima y para evitar la vergüenza que para su pulcra familia resultaría el escándalo, lo que hizo fue exiliarse en Londres, se instaló en un discreto apartamento en Notting Hill y rehízo su vida en brazos de un larguirucho y pecoso jovencito londinense. De haber salido del armario en Pakistán seguramente lo hubieran ahorcado, que así se las gastan por esos lares, en esa sociedad perfecta como los narcisistas se autodefinen.

Y en un rasgo de generosidad había donado su lujosa mansión a su esposa.

Ella enajenó la propiedad, se compró una agradable vivienda en las afueras de Islamabad, en el condominio conocido como Countryside Farms, al módico precio de 3 500 000 rupias, equivalente a poco más de 11 500 euros, una urbanización cerrada con servicio de seguridad las 24 horas del día, siete días a la semana, en un entorno verde sin contaminación ambiental o acústica, provista de centros comerciales, y hasta un club de negocios. Un discreto retiro, donde la gente no se conoce y refugio de muchos personajes que quieren o necesitan pasar desapercibidos.

Alquiló un local en el Safa Gold Mall y abrió una boutique de lujo, donde exhibía los últimos modelos de las grandes firmas europeas, en un ambiente sofisticado pero acogedor la clientela podía encontrar desde vestidos de Balenciaga, Chanel y Dior hasta gafas de sol de Alexander McQueen y Burberry Alexis, pasando por relojes de la marca Rolex, bolsos de Bottega Veneta y Roberto Cavalli, perfumes de Ives Saint Laurent y Dolce & Gabbana y accesorios de Petite A y Núnoo. Amén de creaciones de diseño propio, Fátima se estaba destapando como una excelente diseñadora, con vestidos originales con una audaz mezcla de ambos estilos, occidental y asiático. El negocio parecía marchar viento en popa.

Llevaba una vida confortable y sosegada. Pero no las tenía todas consigo, sabía que el ISI era implacable, que como encontrara una mínima pista la seguiría cómo un perro de caza sigue a su presa. Sabía que no estaba libre de sospechas, que los sabuesos estaban dedicados a la caza mayor, pero que tarde o temprano irían a por las presas menores.

Tendría que tomar precauciones y tener un plan B.

Lo primero y primordial era poner a buen recaudo su dinero, desde un teléfono desechable llamó a su antigua compañera de estudios y amiga londinense y le pidió un pequeño favor, abrir una cuenta en un banco de las Islas Jersey, en el canal de la Mancha.

Para tratar de no dejar huellas, Fátima le enviaría periódicamente una cantidad como pagó a las remesas de seda enviados desde una empresa radicada en Hong Kong, y su amiga, deducido un pequeño porcentaje por los servicios prestados y para gastos, era mejor pagar que deber, pensaba Fátima, su amiga haría un viaje de fin de semana a las islas e ingresaría el dinero. Para justificar , por si alguien curioso indagara, tanto viaje alegaría que tenía un asunto amoroso en aquellas islas.

Así extrajo una pequeña fortuna, poco a poco se fue desprendiendo de todos sus activos, si llegara el momento se tendría que exiliar, si podía hacerlo, y esta situación puede ser muy dura si no tienes «pasta», que con ella en cantidad suficiente la situación es muy diferente.

Estaba muy lejos de imaginar la vorágine en la que se iba a encontrar metida.

Conducía a una prudente distancia del matón y sentía que me estaba vigilando constantemente por el retrovisor, no lo veía pero lo intuía, cuando llegamos a una rotonda donde un guardia de tráfico trataba de poner orden en el caos circulatorio que son las carreteras de Pakistán, me vi cortado por el guardia, perdí de vista a mi guía, cuando me dieron paso, gire bruscamente y me pasé al lado contrario, el guardia hizo sonar su silbato, pero lo ignoré, puse rumbo a la estación de autobuses.

Cuando me cercioré de que el matón no me había seguido, devolví el coche, abordé un taxi y le di la dirección de una calle a tres o cuatro manzanas de mi punto de destino, cuando el taxi desapareció emprendí a pie el camino. Caminaba despacio con la cabeza gacha y aparentando dificultad, como si fuera un anciano, pero atento a todo y fijándome en los detalles para no perderme, todas las calles me parecían iguales, pero después de casi una hora deambulando por el barrio encontré la casa.

No me decidí a entrar, observé el entorno y aunque no vi nada sospechoso decidí recomponer mis planes. No entraría directamente, aunque no las identifique sabía, más bien intuía que habría cámaras vigilando la calle.

Yo había estado en esa casa en varias ocasiones y conocía el lugar y a veces Marymar me había confiado que se sentía como vigilada y que su televisor tenía interferencias en la señal, que sospechaba que en la calle había cámaras de vigilancia.

Volví sobre mis pasos, me dirigí hacia el norte y tres calles paralelas después me senté en el suelo, me recosté contra un árbol y simulé dormitar.

Conseguí hacer una llamada con el móvil, hablé con ella y en tono que pretendía ser jovial le dije: «Cariño estoy al norte, en la calle tres, que tiene un hándicap 5 y ya llevo 7 golpes, estoy tan ansioso de estar contigo que no doy pie con bola, ¿Me recoges en el club?.

Marymar que de tonta no tenía un pelo, enseguida comprendió el mensaje. Y en el mismo tono jocoso contestó: «En que eres un mardeño, el frigorífico está vacío voy a llamar a Agustín el encargado de la logística de la Embajada que nos traiga provisiones, chao, un besito».

Agustín un madrileño resabiado y con más capas que un galápago, era el responsable de la embajada de abastecer a la embajada de alimentos y bebidas y a veces cuando hacía una compra masiva acercaba algunos productos, cortesía de la embajada, a los funcionarios más importantes.

Ese día Agustín salió con su furgoneta Renault Kangoo con el escudo de España bien visible en sus laterales, se dirigió al super habitual, hizo una rutinaria compra, pero no regresó a la embajada, sabía donde tenía que recoger a un paquete muy especial, así se lo había explicado la gaditana.

Una furgoneta se detuvo delante de mí, dejando más de un metro de espacio entre la furgoneta y la acera, el conductor bajó, inspeccionó las ruedas, parecía que algo no iba bien, abrió el portón trasero, sacó un pequeño carrito (una transpaleta manual es su nombre técnico, pero para mí era un carrito) portando un gran cesto de mimbre y lo colocó entre la acera y la furgoneta, y como hablando para sí dijo, ¡adentro!. El conductor volvió a inspeccionar las ruedas. Y deposito el carrito en el interior de la furgoneta.

Las cámaras, si las había, solo captaron la furgoneta entrando en la casa.

María del Mar me acogió con un cariño especial, era una mujer muy desprendida, la había conocido en la recepción del 12 de octubre en la embajada y enseguida hicimos buenas migas, estaba divorciada, sin hijos y se había dedicado de lleno a su trabajo, diplomática de carrera, era inteligente y perspicaz. Era la responsable en la embajada del tema de visados, pasaportes, permisos y ayuda el expatriado.

No me preguntó nada, solo me dijo, si necesitas ayuda ya sabes que estamos para servir y proteger a los súbditos españoles allá donde se encuentren.

Le tuve que contar, grosso modo, toda la temática, como había tenido que salir de Lahore y que temía que el temible ISI me estuviera siguiendo.

Le hablé de Fátima y de que era posible que el ISI atara cabos y pudiera estar en peligro.

Su ágil mente enseguida perqueñó un plan de acción, había que llevar a Fátima a un lugar seguro y el único que ella conocía era su casa.

Me dijo, tú no te muevas de aquí, no salgas ni al jardín, encláustrate en tu habitación. Yo voy a recoger a Fátima.

Ni corta ni perezosa se presentó en la tienda de ropa, estuvo curioseando las prendas, se probó alguna, la dependienta muy solícita le mostraba diferentes modelos, pero ella parecía muy indecisa no se decidía por ninguno de los preciosos modelitos, cuyos precios eran más que elevados. Pero no había ni rastro de Fátima, decidió deambular por el amplio centro comercial, se aposentó en la terraza de una tetería que estaba justo enfrente de la tienda y esperó pacientemente, leyendo una revista de viajes que estaba dedicada a Pakistán, aparentaba ser una de las miles de turistas que últimamente habían tomado Islamabad como destino vacacional. Al parecer las colinas d Margalla ejercían una atracción irrefrenable y la proximidad de Murre hacían de la ciudad el centro de las actividades turísticas.

Comenzaba a impacientarse cuando vio a una señora muy elegante entrar decididamente en la tienda.

Yo le había descrito como era Fátima, Marymar oteó el horizonte para cerciorarse de que no había «moros en las costa» y entró decidida en la lujosa boutique.

Fátima, que veía las yerbas crecer vio en ella una cliente que no podía dejar escapar. Ella creía firmemente en esa premisa árabe de que según te vaya con tu primer cliente así discurrirá el día. Se propuso endilgarle a esa señora de mediana edad un vestido o algún accesorio, lo que fuese pero no se podía marchar sin comprar algo, ,aunque se lo tuviera que poner a un precio ridículo, ¡pero la primera cliente tiene que comprar algo!

Se acercó diligente y amablemente. -¿Madam, en que puedo servirla?-

Había instruido a Marymar sobre la contraseña que usábamos para comunicarnos. Marymar astutamente sondeó el terreno y contestó a la pregunta de una forma muy sibilina:- Estoy buscando algo que tenga cerezos en flor- me encantan esos árboles-.

Fátima se quedó un rato como pensativa, voy a ir al almacén, para mirar si hay algo de lo que desea, se tomó su tiempo para reflexionar y se decidió arriesgarse, volvió con cara compungida diciendo: -Lo siento Madan, desgraciadamente los cerezos no florecen-

Marymar no la dejó terminar, ella era muy tajante e iba directamente al grano, no le gustaba perder el tiempo en sutilezas, contestó: -pero tengo entendido que si lo hacen las mangíferas-.

-Le traigo un saludo de un amigo común, le dijo Marymar en un susurro-.

Fátima se estremeció, sintió un escalofrío recorrerle la espina dorsal, ¿Quién era esa señora y a quien se refería?. Se activaron todas sus defensas, ¿quién era esta señora, que a todas luces no era pakistaní, una enviada de alguien?, ¿pero quién, el RAW el ISI? ¿Cómo conocía la contraseña?

Pensó contestar que no era probable que tuvieran un amigo en común, pero le pareció una grosería, seguiría el juego.

¿Tenemos un amigo en común?

Marymar notó la incertidumbre en la reacción de Fátima y con el mismo todo de voz, le susurró, soy de la embajada española y nuestro común amigo Juanjo le envía un mensaje.

Fátima agarró un precioso sari de color turquesa, indicó a la señora que la siguiera al probador. Pidió a la dependienta, que estaba absorta con sus cascos, ajena al mundo que la rodeaba, oyendo música, mientras se contoneaba con la melodía, que se acercara a la tetería a por una tetera de Kashmiri chai y le dijo , explícitamente, que sea Kahwa de la marca Vahdam, nuestra primera cliente tiene que ser agasajada como se merece. La dependienta no había informado a la jefa que esa señora ya había estado allí y que ella la había dejado escapar sin venderle nada. Pero para esas jovencitas de hoy en día esas cosas eran supersticiones de viejos carcamales.

En la intimidad del probador, Marymar la informó de todo el asunto, le advirtió que podía correr peligro, que yo estaba muy preocupado por ella, que tenía que esconderse, desaparecer.

-Tengo el coche en el aparcamiento, en la tercera planta en la plaza K-23, te espero allí, te sacaré y te llevaré a lugar seguro-.

Me sentía como un león enjaulado, no sabía que hacer, los nervios me carcomían, paseaba de un lado para otro, me tumbaba en la cama, me levantaba, encendía la televisión y la volvía a apagar, en una de esas estaba zapeando cuando sintonicé la BBC internacional. Mi atención se despertó cuando el corresponsal en Oriente Medio informaba del asesinato de un reconocido físico nuclear iraní a pleno sol del día en una calle céntrica de Teherán.

Intrigado busqué en las múltiples plataformas digitales, había un documental que versaba sobre las acciones secretas del Mossad contra el programa nuclear iraní.

El extenso documental estaba dividido en capítulos, uno dedicado a los asesinatos de científicos, y el segundo sobre los atentados a instalaciones nucleares.

En 1979 el corrupto régimen de monarquía absolutista del shah Mohammad Reza Pahlavi llegó a su fin, para ser reemplazado por otro régimen aún más represivo, si cabe, y cruel que el anterior, la dictadura islamista de los ayatolás

Todo había comenzado en 1953 con la Operación Ajax[1]

Y desde el día uno, el fanático ayatolá Jomeini, el líder de la revolución se propuso como principal objetivo aniquilar a Israel, borrar de la faz de la tierra al pequeño estado judío.

Israel ya había fabricado en sus instalaciones nucleares de Dimona en el desierto del Neguev su bomba atómica. Irán así como otros países árabes, Siria e Irak[2] se sintieron amenazados y emprendieron una loca carrera hacía la energía nuclear.

Cuando oí que la cancela de la casa se abría husmeé por la ventana y vi entrar el coche de Marymar, pero nadie la acompañaba, esperé impaciente a que aparcara en el porche que estaba a cubierto de miradas indiscretas por una tupida parra de la que colgaban grandes racimos de uva rojiza, Marymar me vio y levantó el dedo pulgar de su mano derecha con el signo de todo va bien. Abrió la puerta trasera y allí tumbada en el suelo estaba un cuerpo femenino, que levantó su cara y me dedicó la más maravillosa sonrisa que me han dedicado en la vida.

Nos saludamos muy ceremoniosamente, nos dimos un respetuoso ósculo en la mejilla, ante la mirada inquisidora de Marymar, que debía estar pensando: ¿Qué pasa con estos dos, son solo amigos o son dos actores consumados?

Ella con esa intuición innata que caracteriza a las féminas sabía que ese inusitado interés de él por protegerla era un síntoma claro de que estaba profundamente enamorado, otra cosa diferente era si había sido capaz de expresárselo. Los tíos, a veces, son tan taimados, tan tímidos que dan pena.

Estábamos, los tres devanándonos los sesos en cómo salir del país subrepticiamente sin ser detectados, aunque yo tenía un problema adicional, aunque despareciera, si el RAW se sentía traicionado aún podrían tomar represalias contra mis hijos o mis padres, no podía escabullirme tenía que desaparecer físicamente.

Esa noche después de una interminable chachara se sobremesa, Marymar dijo: -Vamos a dormir que mañana será otro día y yo tengo que trabajar-

Sibilinamente había decidido que las habitaciones de Fátima y la mía estuvieran adyacentes y ella se fue al otro ala de la casa con su guardaespaldas particular, eso decía para referirse a Sultán el enorme perro pastor alemán que tenía y que dormía a los pies de la cama de su ama, siempre presto a reaccionar ante el menor ruido.

El estrés no me permitía conciliar el sueño, daba vueltas y vueltas en la cama, tenía calor y me destapaba, sentía frio y me volvía a tapar, estaba en estado somnoliento, cundo sentí que una cálida y fina mano me tapaba la boca y un cuerpo se deslizaba en mi cama y me abrazaba, cuando sentí el calor de su cuerpo, sentí un tirón en la entrepierna, me volví y comencé a besar una boca que me respondía con el mismo ardor. Cuando ambos cuerpos reposaban exhaustos, encendí la luz, Fátima dormía plácidamente. Fue la primera vez que conocí, en el sentido bíblico de la palabra, a Fátima.

Estábamos desayunando, Marymar hacía tiempo que se había marchado a trabajar.

Aunque teníamos la televisión encendida sintonizando la BBC Internacional, no prestábamos atención a las noticias, cuando el locutor, dijo noticias de última hora, al parecer ha habido un atentado en Islamabad ha causado cientos de muertos entre los huéspedes de un hotel, seguiremos informando.

Sintonizamos otras cadenas, logramos sintonizar la Live Geo News que había desplazado a un reportero al lugar del suceso. Las primeras aunque confusas informaciones hablaba de un conductor suicida que había hecho explotar un camión cargado de explosivos ante la entrada principal del hotel Marriot[3].

Marymar regresó a mediodía, había oído las noticias. Me preguntó: -¿Tú sueles hospedarte en ese hotel ,no?. Sí, siempre que vengo aquí. -Pues se te apareció la virgen de Lourdes, chaval, si es que un ser tan incrédulo como tú aun cree en los milagros.

-Que tiene que ver, contesté jocoso, el tafanario con las témporas

Dos días después del sangriento atentado, la oficina de prensa de la embajada española en Islamabad emitió un comunicado en el que informaba de la muerte de un ciudadano español en los atentados del Marriot. Transmitía el más sentido pésame y condolencias a la familia de Juan José Echevarrieta y solicitaba una oración por su alma.

La prensa nacional recogió la noticia de agencias y la publicó tal cual.

Era la una de la madrugada de un día cualquiera, cuando un hombre caminaba pausadamente por la terminal del aeropuerto internacional de Islamabad camino a la sala de autoridades, caminaba con dificultad apoyándose en un bastón con una empuñadura plateada, impecablemente ataviado con un Shalwar Kameez de lino impolutamente blanco,, una barba muy cuidada y un fino bigote, llevaba unas lujosas gafas rayban y lucía una abundante cabellera blanca al estilo Beatle, a dos respetuosos pasos detrás caminaba una mujer portando un bonito sari de seda azul turquesa, cubría su cabeza con un hiyah blanco y se tapaba la cara con una nigab del mismo color que solo dejaba ver sus ojos de un resplandeciente verde esmeralda.

El hombre portaba un pasaporte diplomático con el escudo del Reino de España, a nombre de Arturo Fernández, mostró el pasaporte a la obsequiosa azafata, se volvió hacia la mujer y con gesto de la cabeza le pidió que mostrara su pasaporte, este era un pasaporte español normal y corriente.

En la sala VIP los acogieron con exquisita educación.

Se instalaron en asientos separados, el hizo un gesto con la cabeza y la mujer diligentemente se levantó y se dirigió a la máquina de café, preparó un café con leche descafeinado, vertió tres sobrecitos de sacarina y se lo acercó a su señor, el hizo otro gesto y la mujer volvió al mostrador y se preparó un black chai.

Durante los 45 minutos que duró su espera no se dirigieron la palabra, ella parecía adivinar los deseos de su amo y señor.

Acompañados por una servicial azafata de la línea aérea se dirigieron a la puerta de embarque, la azafata los acompañó hasta sus asientos en la zona preferente y hasta que no se cercioró de que estaban cómodamente instalados no lo abandonó, se despidió con un afectuoso ¡que tengan un feliz vuelo!

Cuando el avión despegó, el señor llamó a la diligente azafata y le hizo una petición un poco extraña: -Señorita, ¿sería tan amable de informarme cuando hayamos dejado el espacio aéreo pakistaní?, se lo agradecería infinitamente.

A la azafata, que con más de 15 años de experiencia, le habían pedido todo tipo de cosas extrañas, le sorprendió tan insólita petición, pero con una profesionalidad excelente y con una encantadora sonrisa, contestó: ¡Por supuesto, así lo haré!

El servicio de abordo en los vuelos de la British Airways tiene fama de excelencia y ella, la hija de su madre, no iba a defraudar a tan respetable y educado personaje.

Cuando la azafata le informó del esperado y ansiado echo, las dos personas se levantaron al unísono como impulsadas por un resorte metálico y se dirigieron a los lavabos, portaban una pequeña mochila cada uno, al cabo de un rato, aquella mujer vestida con un sari azul y recogido su cabello con un hiyah y el rostro cubierto, salió luciendo un espectacular traje de chaqueta de lana fría de color marfil pálido, unos zapatos del mismo color con tacones de aguja, una blusa blanca semi transparente y una esplendorosa sonrisa, su tez color miel estaba resplandeciente, su rostro irradiaba una felicidad indescriptible y sus ojos verdes esmeralda tenían un brillo especial. La melena, color oro viejo, le llegaba hasta la cintura. Era la imagen de una esplendorosa y feliz mujer.

El caballero lucía un impecable traje de lino azul marino, su pelo negro estaba perfectamente peinado con la raya de su lado izquierdo muy bien delineada, su barba y bigote blancos habían desaparecido, mostrando un joven y resplandeciente rostro henchido de felicidad, ya no cojeaba y el bastón brillaba por su ausencia.

En el pasillo y ante el estupor de los pasajeros y de los miembros de la tripulación se fundieron en una apretado abrazo mientras que él la besaba dulcemente en la frente.

La atenta azafata apareció con una bandeja con dos vasos y una espumeante botella de Moet & Chandon Rosé Imperial.

Ellos levantaron sus copas y espontáneamente entonaron las primeras estrofas de una canción que con el paso del tiempo se convertiría en su himno de batalla

                        Libres

Como el Sol cuando amanece somos libres / como el mar

                        Libres

Como el ave que escapó de su prisión / Y puede, al fin, volar

                        Libres

Como el viento que recoge mi lamento / Y mi pesar / Camino sin cesar / Detrás de la verdad / Y sabré lo que es al fin, la libertad

El resto de los pasajeros, en su mayoría ciudadanos británicos, aunque no entendían nada, intuyeron que algo importante, algo extraordinario, les debía haber acontecido a esa feliz pareja, y una vez recuperados de su estupor irrumpieron en espontáneos aplausos.

Las trece horas de vuelo se les pasaron rápidamente, Manchester les esperaba y luego quien sabía qué.

Sin salir del aeropuerto se dirigieron al mostrador de la BA a indagar las rutas que la compañía cubría, uno de los destinos les llamó la atención.

Como el vuelo saldría en unas cuatro horas, decidieron usar sus privilegios de viajeros en clase preferente y se acogieron al servicio de habitaciones que la compañía ofrece a sus privilegiados clientes, se ducharon y se durmieron.

Cuando desde el mostrador de la BA les avisaron de la inmediata salida de su vuelo, se dirigieron cogidos de la mano como dos adolescentes enamorado hasta la puerta de embarque y se perdieron en el brumoso cielo de Manchester.

[1] *LA REVOLUCIÓN IRANÍ*

Este es un tema muy representativa de como la arrogancia y prepotencia de algunas potencias colonizadoras y en particular de la Gran Bretaña, condicionó, y aún hoy día lo sigue haciendo, la visión que en ciertos países tienen del papel depredador y esquilmador que ha tenido Europa sobre los países colonizados.

Este tema merecería, por sí solo, un capítulo entero, más bien un libro, dedicado al asunto, pero trataré de resumirlo sin que por ello pierda su significado.

A principios del siglo XIX empezó la utilización masiva del uso del petróleo como sustituto del hasta entonces recurso energético principal que era el carbón.

Comenzó una era de exploración masiva en busca del nuevo y poderoso recurso energético.

Los británicos lo encontraron en lo que entonces se llamaba Persia y que ahora es Irán.

Crearon la compañía APOC (Anglo Persian Oil Company) e iniciaron su labor depredadora, los británicos se llevaban la parte del león de los beneficios de lo que llegó a ser conocido como «oro negro». El país que detentaba los yacimientos solo recibía un magro 16% de las ganancias.

En 1921 el descontento persa por esta situación llevó al general Reza Khan a perpetrar un golpe de estado contra el laso gobierno culpable de esta situación. La corrupta dinastía de los Kayar encarnada en el monarca Ahmed Shah había entregado el país y su principal recurso a una empresa británica que era la que dirigía de facto el país.

En 1923 el tal Reza Khan estaba en la cresta de la ola y se le reconocía como un político eficaz e incorrupto.. Sacando provecho de esta popularidad se autoproclamó Shah (Emperador o Rey) y fundó la dinastía Pahlevi.

Era un sátrapa, represor de toda oposición, encarceló a sus potenciales adversarios y conculcó la constitución.

Entre esos opositores se encontraba un político llamado Mosaddegh, que era un luchador en la defensa de la nacionalización de la industria petrolera. Exigía auditar las cuentas de la compañía APOC que tenía el monopolio de la explotación de la riquezas petroleras del país, sospechaba que las cuentas no estaban claras y que se estaba esquilmando a su país.

Los británicos se negaron, y el parlamento persa decretó la nacionalización de la industria petrolera y expulsar a los británicos.

Y empezaron las malas artes de una potencia hasta la fecha hegemónica que imponía sus leyes en muchas partes del mundo. En cualquier lugar del mundo donde hubiese el menor conato de insurrección los británicos llevaban a gala lo que ellos denominaban «mostrar la bandera», es decir enviar un par de sus poderosos navíos de guerra y aplastar a los disidentes.

Instigó un boicot mundial a la única fuente de ingresos que tenía Persia, el petróleo. e incluso sopesó una intervención militar.

Sabiendo que les sería difícil doblegar a un indómito Mosaddegh buscaron su punto débil, el apoyo que le prestaba el comunismo y para evitar que el partido comunista, el Tudeh, se adueñara de Persia, promovieron un golpe de estado para derrocar al atrevido y provocador Mosaddegh.

Los británicos, incapaces por ellos mismos de tal fazaña, solicitaron la ayuda de sus primos norteamericanos y estos se presentaron gustosamente a realizar el trabajo sucio de salvaguardar los intereses petrolíferos británicos. Dieron a luz la Operación AJAX. Corría el año 1953

LA OPERACIÓN AJAX

Esta operación se convirtió en el prototipo de golpe de estado blando, por el cual no hay intervención armada violenta pero se crea el ambiente apropiado para que el ejército se vea obligado a intervenir para restaurar la ley y el orden.

La CIA contrató a los más violentos delincuentes del país para que promovieran algaradas callejeras, atentados y manifestaciones violentas contra el gobierno, la población engañada y manipulada se unió fácilmente al aquelarre, tal estado de caos propició que el ejército saliese a la calle y derrocase a Mosaddegh.

Fue el primer golpe de estado, planificado y ejecutado por la CIA. Le debieron tomar «gustillo» al tema porque posteriormente perpetraron muchos más, sobre todo en su patio trasero como ellos consideran a Centro y Sur América

Se puso al frente del nuevo gobierno al general Fazlollah Zahedi, cuya primera acción fue restaurar al Shah Mohammad Reza Pahlavi en el trono del que había sido apartado.

De alguna manera el shah se convirtió en un rehén de la nueva superpotencia surgida de la segunda guerra mundial, los Estados Unidos.

Mosaddegh fue arrestado, juzgado y condenado a muerte por traición por el tribunal militar del Shah, pena que le fue conmutada por la de cadena perpetua en arresto domiciliario. Muchos de sus partidarios corrieron peor suerte.

LA REVOLUCIÓN IRANÍ

En 1979, después de 26 años de gobernar de forma despótica, durante los que su policía secreta, la temible SAVAK, perpetró innumerables tropelías, detenciones masivas e indiscriminadas, condenas a muerte sin juicio y asesinatos, el sátrapa fue derrocado.

Y el remedio fue peor que la enfermedad, el país cayó en las manos del fanatismo religioso del ayatolá Jomeini y sus correligionarios y secuaces.

Desde entonces el país se rige por la ley coránica y son los ayatolás los que gobiernan el país.

Y para hacer realidad ese odio eterno que han declarado contra Israel, se embarcaron en un ambicioso programa nuclear.

LOS ATENTADOS CONTRA IRÁN

El paso previo y primordial de cualquier programa nuclear es la obtención de uranio y la tecnología para enriquecerlo.

Y lo encontraron, concretamente en Saghand se encuentra una mina de uranio en la que se calcula que hay unas 5 000 toneladas de óxido de uranio.

La información que contenía el disquete que yo había entregado fue la prueba que necesitaba el gobierno israelí para poner a su servicio secreto el Mossad a trabajar. Y a fuer de ser sinceros lo suele hacer muy bien.

Irán había suscrito el Tratado de No Proliferación Nuclear (NPT) que restringe la posesión de armas nucleares a otro países aparte de los cinco que ya las poseían, Los Estados Unidos, Rusia, China, Reino Unido y Francia, por lo tanto no podía acceder abiertamente al mercado de componentes para su proyecto de construir una bomba atómica.

Y ahí es donde concentraron sus esfuerzos los israelitas, boicotearon cuando no sabotearon los envíos de material sensible a Irán, hundieron un barco que transportaba centrifugadoras enriquecedoras de uranio que había salido de Saint Nazaire.

Con el inestimable soporte de los Estados Unidos, Israel desarrolló un virus informático, llamado Stuxnet, que infectó a mil centrifugadoras y las ordenó autodestruirse.

Y su blanco principal fueron los científicos nucleares iraníes, en solo tres años cuatro destacados científicos nucleares iraníes fueron asesinados, Masud Ali Mohamadi y,Mayid Shahriari en 2010.

En 2011 fue ,Dariush Rezaineyad el que corrió la misma suerte, cuando estaba a las puertas del colegio de su hija le dispararon un tiro en la garganta en un suburbio de Teherán.

A Mostafa Ahmadi Roshan un motorista le endosó una bomba lapa en el techo de su coche , era el 11 de enero de 2012.

El último y más sonado fue en 2020 cuando el director del programa iraní, Mohsen Fakhrizadeh fue tiroteado en plena calle, al parecer por una ametralladora activada por control remoto.

Otros objetivos han sido las innumerables instalaciones para la investigación y desarrollo de energía de que disponen los ayatolás.

En Isfahán está situado el Centro de Investigación y producción de combustible nuclear, unos 3 000 ingenieros y científicos prestan sus servicios en este centro.

La planta de enriquecimiento esta Natanz, en una inspección rutinaria los técnicos de la OIEA encontraron partículas de uranio enriquecido al 60%, que es el porcentaje mínimo que se necesita para fabricar una bomba atómica, la excusa de los iraníes fue que la contaminación procedía del país suministrador, y que ellos utilizaban la energía nuclear con fines pacíficos, lo que no dijeron fue que para esos fines solo se necesita uranio enriquecido al 3%.

En 2021 estas instalaciones se vieron incrementadas con una tercera unidad de centrifugadoras de diseño más avanzado, en una clara violación del tratado de No Proliferación.

En la Universidad Tecnológica Sharif de Teherán se ubican dos pequeños reactores de investigación y el centro de investigación de centrifugadoras.

En Bushehr se han instalado, con la colaboración rusa, dos potentes reactores nucleares con una capacidad de 1 000 MW cada y que están a punto de ser completados.

En la Unidad de Combustible Nuclear de Ardekan está el centro de conversión de uranio en material nuclear.

Y sospechosamente en todas estas instalaciones se han producido diferentes accidentes, desde incendios motivados por corto circuitos hasta explosiones incomprensibles.

La más significativa se produjo en la instalación de producción de misiles de Khoiir

El Mossad nunca reivindica ni hace alardes de este tipo de operaciones, aunque no hay dudas de su autoría, nadie, salvo Israel está más interesado sino en detener el programa iraní sí al menos en retrasarlo lo máximo posible.

2 DESTRUCCIÓN CENTRALES NUCLEARES DE SIRIA E IRAQÍ
LA OPERACIÓN HUERTO

El 6 de septiembre de 2007 y en el contexto de la operación Huerto un grupo de combate conformado por el escuadrón 69º de F-15 Strike Eagle, seis F-16 Fighting Falcon y un avión de inteligencia electrónica de las Fuerzas Aéreas israelitas equipados con misiles Aire-Tierra AGM-6 Maverick y cargados con bombas de 227 kilogramos llevó a cabo un audaz ataque contra la central nuclear de Deir-al-Zour en la región de Dayra az Zawr en Siria

Previamente un equipo del grupo de elite del Sayeret Matkal, unidad de las Fuerzas Especiales de Israel en una arriesga misión se había infiltrado en Siria y en las proximidades de la central nuclear habían tomado muestras de agua y arena, que analizadas en Israel resultaron estar altamente contaminadas.

Sayeret Matkal fue creada en 1957con el objetivo de tener una unidad secreta que enviar a territorio enemigo para realizar misiones de inteligencia, a luchar contra el terrorismo, al reconocimiento, a la inteligencia militar y al rescate de rehenes fuera de las fronteras de Israel.

Alertados los sirios de los sofisticados y poderosos medios de escucha, seguimiento y localización que la NSA (National Security Agency) tiene instalados en Fort Meade, decidieron evitar utilizar medios electrónicos para las comunicaciones en el proyecto de construcción de la central nuclear, todo se haría por escrito y con correos humanos. Como en los viejos tiempos.

Los servicios secretos norteamericano e israelí estaban in albis, pero al Mossad le llegó un regalo desde Pakistán desvelando el secreto sirio mejor guardado hasta la fecha.

Los análisis no dejaban la menor duda de que el reactor estaba siendo cargado y solo era cuestión de tiempo que estuviera operacional.

Había que actuar sin más premura.

Para evitar ser detectados por el sistema de vigilancia sirio los intrusos utilizaron un software de ultimísima generación que les permitía derivar la señal recibida de los radares enemigos hacia objetivos falsos, burlando de esta manera a los sistemas de origen soviético Tor-M1 y Péchora.2A8.

La arriesgada misión fue dirigida personalmente por el ministro de defensa israelí Ehud Barak[4].

Era uno de los tres militares más condecorados de Israel, sirvió durante 35 años en el ejército, se licenció en física y matemáticas en la universidad de Jerusalén y recibió un máster en Economía por la norteamericana Universidad de Stamford. Alcanzó el rango de teniente general la posición más elevada del ejército hebreo.

Por su intervención en la operación Primavera Juvenil (en el contexto de la operación Cólera de Dios) en Beirut en 1973, donde un grupo de comandos simulando ser un grupo de chicos y chicas en busca de diversión se acercaron hasta la villa donde residía un destacado terrorista miembro destacado de la OLP (Organización para la Liberación de Palestina) y acabaron con su vida.

Esta operación era parte de la llamada Operación Colera de Dios que el gobierno de Golda Meier lanzó contra la OLP para vengarse de la ejecución de los atletas israelíes que participaban en los Juegos olímpicos de Múnich de 1972.Por esta acción Barak recibió la medalla de Servicios Distinguidos una más de las innumerables que posee.

El día anterior al ataque otro equipo .logró infiltrarse para desde el objetivo señalizar con rayos láser la situación exacta del objetivo, la operación no podía fallar, no habría una segunda oportunidad.

Como Israel nunca reivindica estas acciones la confusión a nivel mundial fue extraordinaria, se habló de ataques a un depósito de armamento del grupo terrorista Hezbolá, la verdad fue saliendo lentamente a la luz, la prensa internacional hablaba de un bombardeo a una instalación siria de fabricación de armamento no convencional.

La filtración de la ubicación de la central nuclear, que se había mantenido en secreto se le atribuyó al general iraní Ali Reza Asgari. Nadie mencionó nunca porque fue un secreto muy bien guardado la intervención de los servicios secretos hindúes en todo el asunto. Y el papel que jugó el diminuto diskette.

Uzi Arad, un asesor de Netanyahu declaró a la revista Newsweek: «Sé lo que ocurrió, y cuando salga a la luz dejará boquiabierto a todo el mundo».

RECONSTRUCCIÓN DE LA CENTRAL NUCLEAR

Tras este ataque quirúrgico los sirios no cejaron en su empeño y reiniciaron los trabajos de reconstrucción, la respuesta de Israel fue asesinar al General Suleiman que era el jede del proyecto.

Su argumentación fue muy simple: «Si una víbora se está comiendo tus conejos, ¡córtale la cabeza!».

En agosto de 2008 el general ofrecía una cena a sus amigos en su lujosa villa frente al mar mediterráneo en la costa de Tartous a 30 kilómetros al norte de la frontera con Líbano, un comando de francotiradores del Kidon, (un grupo de élite del Mossad) infiltrados desde aquel país, lo abatieron con un disparo en la cabeza y otro en el cuello.

Los ejecutores llegaron en un yate que fondearon a unos metros de la costa, dos hombres rana nadaron hasta la orilla y desde allí agazapados en la sombra dispararon matando al padre del programa nuclear sirio.

Finalmente Siria dijo adiós a su sueño de convertirse en potencia nuclear.

ATAQUE AL REACTOR IRAQUI

Desde principios de la década de los años 30 del pasado siglo, este país ha pasado por una serie de vicisitudes y acontecimientos sin los cuales no se entendería el Irak de finales de siglo.

En 1932 terminado el mandato Británico sobre el país se instauró una monarquía totalitaria que duró hasta 1958 cuando el coronel Abdul Karim Qasim dio un golpe de estado y derrocó al corrupto e ineficaz régimen monárquico e instauró una dictadura militar igual o más corrupta e ineficiente

El Rey Faisal y toda su familia fueron ejecutados, según la tradición golpista de no hacer prisioneros.

En julio de 1968 el partido Árabe Socialista de Irak, el Baaz orquestó otro golpe de estado contra la República Árabe de Irak, golpe dirigido por Ahmed Hassan al-Bakr, Abd ar-Razzaq an-Naif y Sadam Huseín.

Aquí aparece por primera vez ese siniestro personaje, asesino y genocida de Sadam que traicionando a tirios y troyanos en 1979 se hizo con el poder absoluto.

Un psicópata y despiadado individuo se convertiría en el mayor genocida de su pueblo y del pueblo kurdo a los que ha gaseado sin piedad.

EL PROGRAMA NUCLEAR

Desde comienzos de la década de los 60 del pasado siglo Irak se había embarcado en un programa de investigación nuclear y en los setenta decidió adquirir un reactor.

En 1975 firmó un acuerdo de colaboración nuclear con Francia, esta entregaría a Irak un reactor tipo Osiris, 72 kilogramos de uranio enriquecido al 93% y la formación del personal iraquí. El acuerdo entró en vigor en 1976.

En 1979 en los terrenos del Centro Nuclear de Al Tuwaitha al suroeste de Bagdad comenzaron los trabajos de construcción de la central nuclear. Que albergaría un reactor de agua ligera y con una capacidad de 40 megavatios.

En julio de 1980 Francia hizo entrega de 12,5 kilogramos de uranio altamente enriquecido, este era el primero de los seis previstos, hasta completar los 72 kilogramos acordados.

El gobierno israelita llegó a la conclusión de que el reactor estaba presto a entrar en funcionamiento. Y aunque el régimen iraquí y algunos expertos internacionales negaban la capacidad de ese tipo de reactor para producir un artefacto nuclear ellos no las tenían todas consigo.

El solo hecho de pensar que podría hacer con una bomba nuclear un psicópata desnortado como estaba demostrando ser Saddam Hussein ponía de los nervios a los jerarcas judíos.

Y tan resolutivos como es habitual en ellos, decidieron que era mejor prevenir que curar, decidieron impedirlo a su manera.

En junio de 1981 en un audaz y temerario ejercicio una escuadrilla de la IDF (fuerzas de defensa israelí) compuesta por cazabombarderos F-16 A escoltados por cazas F-15A bombardearon y destruyeron el reactor.

Se acabó de esta manera el sueño del dictador de destruir Israel.

LA PLANIFICACIÓN

Como dice el refrán español: «Del dicho al hecho hay mucho trecho».

La operación no tenía nada de sencilla, los atacantes tendrían que recorrer 1 600 kilómetros y sobrevolar el espacio aéreo de Jordania y Arabia Saudita sin ser detectados.

Los expertos planificadores israelitas pergeñaron un plan audaz y muy bien organizado, emplearían bombarderos F-16A Netz en misión de ataque profundo, escoltados por un grupo de cazas F-15A Baz . Tanto los bombarderos como los cazas tendrían que poseer la capacidad de ir, golpear y volver sin repostar, algo más de 3 200 kilómetros.

El bombardeo tendría que ser de precisión, no se presentaría una segunda oportunidad.

Para burlar a los sistemas de detección y seguimiento de los países que sobrevolarían, Jordania y Arabia Saudita, lo harían comunicándose por radio en árabe para simular que eran escuadrillas de esos países en misiones de entrenamiento.

El éxito de la operación fue total.

Cuando la operación se hizo pública la sociedad occidental, sobre todo la europea y especialmente la española, tan pusilánime y apocada estallaron contra Israel. Ya se sabe la misma demagogia barata de siempre.

Los israelitas le debieron coger gusto a este tipo de operaciones de forma que en 2007 lo repitieron, esta vez contra una central nuclear siria en lo que se conoció como operación Huerto, a la que nos hemos referido al principio de esta nota.

3 ATENTADO CONTRA EL HOTEL MARRIOT

El 20 de septiembre de 2008 un vehículo privado traspasó el control de seguridad que el hotel había desplegado en su entrada, el complejo hotelero ya había sufrido algunos atentados terroristas.

Antes de que los miembros de la seguridad pudiesen bajar las barreras un camión a toda velocidad traspasó la barrera de seguridad e hizo estallar las 600 kilos de explosivos que transportaba.

La explosión provocó un cráter de17 metros de diámetro y dañó seriamente la estructura del edificio, las tuberías de conducción de gas explotaron y se produjo un terrible incendio, murieron 63 personas y otras 266 resultaron severamente heridas.

El lujoso Marriot era el centro de atracción de los visitantes y residentes extranjeros, sus 259 habitaciones estaban siempre al completo. Su piscina era lugar de solazo y relax para sus huéspedes.

Se especuló sobre si el atentado había sido dirigido contra el presidente de la República y su primer ministro que tenían previsto cenar en uno de sus restaurantes la noche del atentado.

Todas las sospechas apuntaban al grupo terrorista Al Qaeda, organización terrorista muy activa en aquellas fechas, dirigida y financiada por Osama Bin Laden., el millonario saudí.

4 EHUD BARAK

Al amanecer del 3 de marzo de 1988, tres terrorista palestinos se infiltraron en Israel por la frontera con Egipto, su objetivo atentar contra la secreta instalación nuclear de Dimona en el desierto del Neguev.

En la carretera que conduce a la planta secuestraron a punta de pistola un coche, cuando fueron detectados por las fuerzas de seguridad emprendieron una descabellada huida y se toparon con el autobús que trasladaba a los empleados de la central de regreso a casa, secuestraron el autobús tomando como rehenes a sus ocupantes, algunos se escaparon pero nueve de ellos quedaron retenidos, en ese grupo de cautivos había tres mujeres.

Cuando los miembros de las fuerzas de seguridad rodearon el vehículo trataron de negociar la liberación de los rehenes, los terroristas se negaron a ello, lo que no dejó otra alternativa a los comandos que tomar al asalto el autobús, y aunque la acción fue rápida no pudieran evitar que antes de abatir a los tres terroristas estos asesinaran a las tres rehenes. Dos de ellas jóvenes madres, al atentado se le llamó el «atentado de las madres».

Para el ministro de defensa israelí Isaac Rabin el autor intelectual del atentado no era otro que Jalil al Wair alías Abu Jihad (Padre de la Lucha).

Las fuerzas de seguridad de Israel tenían un amplísimo dossier sobre el personaje, el número dos de Al Fatah brazo armado de la OLP (Organización para la Liberación de Palestina), en el que se aseguraba que era responsable de la muerte de 125 ciudadanos israelitas.

Lo consideraban el planificador y arquitecto de los graves y sangrientos ataques terroristas de la OLP contra Israel durante los últimos veinte años

Entre otros el atentado contra un autobús en el norte del país que ocasionó la muerte de 38 personas, entre ellos 13 niños e hirió a otras 71 personas. en lo que conoció como la masacre de la carretera de la playa, esto sucedía diez años antes en 1978.

Llevaban más de 20 años siguiéndole la pista y habían tratado de ajusticiarlo en varias ocasiones, le habían puesto una bomba lapa en su coche, habían destruido la casa donde se suponía que pernoctaba e incluso habían tratado de envenenarle, siempre había salido ileso.

Rabín decidió que de una vez por todas había que terminar con este asesino.

Abu Jihad, al igual que otros muchos dirigentes de Al Fatah vivían plácida y confortablemente en Túnez, a 2 400 kilómetros de Israel, allí se sentían seguros, a salvo de cualquier ataque israelí, aunque nunca bajaban la guardia. Abú vivía en un palacete cerca de la playa y estaba protegido por guardaespaldas.

Rabín encargó al Mossad un plan para ejecutar a Yihad, todos los planes que le presentaron los desechó, hasta que el Mossad tuvo que reconocer que ellos solos no tenían capacidad para llevar a cabo la misión.

Rabín si conocía a la persona capaz de perqueñar un plan exitoso. Ehud Barak,. que venía precedido de una reputación envidiable y tenía fama de inteligente y perspicaz.

Este ya había participado siete años antes en una operación contra un dirigente palestino en Beirut, él fue miembro, disfrazado de mujer, del comando que llevó a cabo la acción.

El encargo era una misión imposible, o casi, ¿cómo llevar a los ejecutores a un lugar donde hasta ahora, a diferencia del Líbano, Siria, Egipto o Irak, la inteligencia israelí no tenía a ningún efectivo infiltrado?

La respuesta era muy sencilla, ¡infiltrándolos!

La economía tunecina era primordialmente el turismo, en uno de los numerosos vuelos chárter que el país recibía de todo el mundo, en el procedente del Líbano había nueve agentes del Mossad, este sería el equipo del interior.

Barak creó una unidad conjunta entre los Sayeret Matkal (la unidad de élite del estado mayor del ejército) y la unidad de operaciones del Mossad.

Para su operación Barak movilizó a efectivos de la marina y la fuerza aérea.

La marina transportaría a los comandos hasta las aguas tunecinas y las fuerzas aéreas estarán disponibles para en caso de emergencia evacuar a los comandos.

Al alba del 15 de abril de 1988 tres lanchas neumáticas a remos llegaban a una desierta playa tunecina, donde un grupo de chicos y chicas estaban celebrando una fiesta, tenían aparcados tres minibuses, los 26 comandos, cambiaron sus uniformes militares por ropas civiles, algunos, copiando el operativo desplegado en Beirut, se vistieron de mujer y se dirigieron alegremente hacía la capital.

Se hospedaron en varios pisos franco y esperaron la orden de actuar. A pesar de que se habían estudiado con todo detalle la distribución del palacete, realizaron alguna inspección ocular.

Para asegurarse de que en el momento de la acción Abu Jihad se encontraba en su domicilio le tendieron una sutil trampa, recibió una llamada desde un teléfono, aparentemente de un número de Beirut, en el que una voz le decía entre sollozos y gritos que el Mossad había detenido y estaba torturando a su hermano, el supuesto detenido era el hermano menor de Jihad y tenían unos lazos especiales.

Él trató de calmarlo, pero el interlocutor, que tenía ordenes de mantenerlo al teléfono el máximo de tiempo, no se calmaba. Era la señal que Ehuh Barak estaba esperando en su puesto de mando a bordo de un avión que surcaba el cielo cubierto de estrellas sobre el mar del Mediterráneo.

Solo dijo: ¡Adelante"

Para evitar que la policía tunecina pudiese intervenir, ejecutaron una maniobra de diversión, una llamada anónima avisó a los gendarmes que en el otro extremo de la ciudad se estaban produciendo graves disturbios. Los polis tragaron el anzuelo

Dos vehículos llegaron a la calle, un grupo de comandos tomó posesión de las inmediaciones como cordón de seguridad y el otro se dirigió hacia el palacete.

Delante del edificio había un coche aparcado y un individuo estaba semi adormilado en su interior, cuando una pareja de turistas tocó en el cristal para pedirle información ya que se habían perdido y le mostraron un plano, el turista llevaba en su mano izquierda una caja de bombones y la abrió, lo único que pudo ver el guardaespaldas fue el cañón de una pistola con silenciador que le descerrajó dos tiros en pleno rostro.

En cuestión de segundos los comandos abrieron la puerta, mataron a un guardia de seguridad y se presentaron en el despacho de Abu Jihad.

Al ver al intruso Abu reaccionó y empuñó una pistola e hizo tres disparos, el comando le devolvió una ráfaga de su metralleta y lo mató, su esposa llegó corriendo y gritando, ¡basta! basta! Está muerto. En su cuerpo se encontraron 70 proyectiles.

Terminada la acción los comandos regresaron a la playa donde les esperaban las lanchas neumáticas que los llevaría de vuelta a casa.

5 EL VIRUS STUXNET

El virus utilizado por los aviones israelitas para burlar a los radares sirios era una variante del Stuxnet.

En una inspección rutinaria de los inspectores de OIEA a la planta nuclear iraní de Natanz observaron con curiosidad que las centrifugadoras se comportaban de una manera anormal, se aceleraban o desaceleraban de forma aleatoria, los técnicos iraníes que controlaban el proceso parecían incapaces no ya de detener el problema sino de saber discernir que estaba sucediendo.

Intentaron reaccionar y apagar las maquinas, no funcionó, el sistema estaba bloqueado. Intentaron desconectar los interruptores de emergencia y detener las maquinas, imposible, no funcionaban.

Todo el sistema estaba bloqueado, las centrifugadoras continuaban su errática marcha.

Se devanaban los sesos tratando de entender que estaba pasando.

EL VIRUS

Israel con la inestimable colaboración de los Estados Unidos había desarrollado un agresivo virus para infiltrado en el sistema de manejo de las centrifugadoras iraníes y destruirlas.

Durante más de seis meses y con un presupuesto multimillonario un equipo de diez de los mejores ingenieros informáticos expertos en programación de ambos países se habían dedicado en cuerpo y alma a desarrollar este agresivo virus.

Una vez infiltrado en el sistema informático iraní, el virus se comportó como un auténtico y consumado espía, permaneció «dormido» durante un mes, recopilando y analizando toda la información que generaba el sistema.

A continuación empezó a actuar, con la información recopilada tomó el control del software que controlaba a las centrifugadoras.

Durante varios meses, como un bromista juguetón el gusano estuvo manejando las centrifugadoras a su capricho, las aceleraba durante 15 minutos a velocidades no permitidas o las ralentizaba durante 45 minutos hasta casi llegar a detenerlas.

Este sube-baja llevó a los materiales a lo que se llama límite de fatiga, por el que un material sometido a cargas dinámicas de frecuencia irregular colapsa antes que si está sometido a cargas o esfuerzos de frecuencia constante.

Todo el proceso de centrifugación del uranio para enriquecerlo quedó colapsado, 1 000 máquinas se autodestruyeron.

Los expertos en el tema llegaron a la conclusión de que los diseñadores del virus habían sacado provecho, de, al parecer, algunas debilidades o fallos del sistema operativo Windows.

El gusano llegó a la red por medio de una memoria USB y se expandió por el uso de impresoras compartidas. Una vez instalado en el sistema escaneó todos los ordenadores de la red en busca del PLC (Programmable Logic Controller) o Controlador Lógico Programable especifico de las centrifugadoras. No infectó ninguna otra aplicación , había sido diseñado solo y exclusivamente para controlar las máquinas de centrifugado.

Cuando, cinco meses después, se reprodujo el ataque, los técnicos si fueron capaces de descubrir al maligno virus.

VI LAS MALDIVAS

La República de las Maldivas es más conocido a nivel mundial como las islas Maldivas, ya que es una república insular compuesta por unas 1 200 islas de las que unas mil están deshabitadas.

Situadas en el Océano Indico están a escasos 450 kilómetros de la India. y tienen un clima tropical, húmedo

En un recóndito atolón de los 26 que componen la república y en una de esas cabañas construidas sobre pilotes en medio de las cristalinas aguas,, con su suelo transparente, su atracadero privado y su piscina de agua de mar adosada, una singular pareja desayunaba con toda la parsimonia del mundo.

El ya rondaría los ochenta y ella se mantenía como si aun tuviese treinta y pocos años, a pesar de que recientemente había cumplido 65, ambos estaban en plena forma física y mental.

Estaban en la terraza del coqueto bungaló, con la vista perdida en el horizonte contemplando un paisaje que ,a pesar de ser el mismo de siempre, cada día les parecía que se transformaba en uno nuevo, con nuevos matices, nuevos colores y nuevas perspectivas.

La mano derecha de él empuñaba su taza preferida con un grabado de un madurito jugador de golf y la inscripción : «Work is for those that not play Golf».(El trabajo es para aquellos que no juegan al golf).

Degustaban el primer té mañanero de los muchos que degustarían a lo largo del día, eran, como ella decía con sorna, chai adictos, pero no era un té cualquiera, que ellos eran muy selectivos, muy exquisitos en sus preferencias, era el mejor kashemiri chai, el más caro que había en el marcado. Ellos solo degustaban el Kahwa de la marca Vahdam

Aunque no hablaban, sus miradas dejaban entrever el amor que aun, a pesar los años transcurridos juntos, más de treinta, se profesaban.

-¿Darling what plan do we have today? ¿Cariño, que plan tememos hoy? Dijo ella.

-Tengo que terminar y enviar mi artículo al periódico y revisar lo que escribí ayer para mi último libro, luego podemos salir a dar un paseo con la motora-.

El placer de escribir que empezó como distracción se había convertido, sin proponérselo, pues comenzó a escribir como una terapia contra el Alzheimer, así pensó en su momento, en una pasión que le desbordaba, el día que no escribía una cuartilla se deprimía, pensaba que no estaba haciendo lo que debía y aunque las ventas no eran espectaculares eran un aliciente para continuar con su labor, era su libro número 14 y versaba sobre una señora que había sido guerrillera nicaragüense allá por los años 80 del siglo pasado.

-¡Nada de paseos con la motora que cada día estás más torpe, más despistado y un día nos perdemos y aparecemos en unas de esas casi mil islas abandonadas, si quieres salir con la motora, echas el ancla en frente de la cada donde yo te vea!-.

Y me controles, le interrumpió él, no me vaya a ir con una de esas sirenas nórdicas que aparecen por estos lares de vez en cuando.

Darling tú ya estás hecho un carcamal y ya no estás para sirenas, a ver si pescas algo menos glamuroso y no tenemos que ir, como siempre, al restaurante, a cenar, y olvídate de paseos, el mar se está volviendo cada vez más peligroso para nuestra avanzada edad-.

-¿No creerás esas patrañas del cambio climáticos y todas esas milongas de esos ecologistas «asa mantecas» saltadores de caminos?-

-¡Calla, viejo loco, descreído!

-Yo no estoy viejo, estoy «muy usado» que no es lo mismo, pero tú todavía estas muy atractiva y apetitosa, ¿no quieres que te dé un masajito?

-Tú cada día más procaz, viejo verde, siéntate y descansa, que estas muy ajado-

-¡A sus órdenes dijo él, cuadrándose como si estuviera respondiendo a un sargento de marines!-

-Cada día eres más payasete, adorable pero payaso al fin y al cabo, dijo ella sonriente, yo voy a darme un chapuzón en la piscina que empieza a hacer calor-

-¿No quieres que nos bañemos juntos?-.

-¡Vuelta la burra al trigo!, ¿no puedes pensar en otra cosa?, voy a empezar a pensar que eres un obseso sexual-.

-Qué culpa tengo yo de que estés tan joven y lozana, ya sabes que necesito una transfusión de juventud de vez en cuando-.

-Que adulador eres, ¿Dónde aprendiste tantos trucos, gruñi?-. Ella siempre le decía gruñi porque él era un gruñón empedernido, siempre estaba protestando por algo y criticando a todo bicho viviente, sobre todo a los políticos izquierdosos, que no izquierdistas, y comunistas, bueno más que comunistas son «*pancistas*» que son cosas diferentes, que se habían apoderado de las riendas del país y lo estaban llevando a la ruina. Aunque este ya le quedaba muy lejos siempre sería su país y lo quería y respetaba a su bandera y los principios que le habían enseñado de niño.

No se sentía un patriotero pero todavía se emocionaba cuando en un acontecimiento deportivo sonaba el himno nacional y siempre se hacía la misma pregunta, ¿Por qué puñetas todos los himnos de todos los países tenían letra y el suyo no?. Y se contestaba a sí mismo, ¡Spain is different!

Esos «mamones» políticos parecía que eran incapaces de ponerse de acuerdo para que alguien «pariera» un texto para el himno nacional, cosa que parecía que al españolito de a pie le importaba un «carajo», pero a él sí le importaba.

-Fátima ¿,que te parece si al atardecer cuando amaine un poco el calor, nos acercamos al club y hacemos unos hoyos?, luego podemos cenar en el restaurante y mover un poco el esqueleto, como en los viejos y añorados tiempos-

-Perfecto, me apunto-, dijo ella jovialmente.

Durante toda esta cháchara no prestaban atención a la encendida televisión hasta que una noticia los soliviantó y entristeció.

«Hoy 28 de mayo se cumplen treinta años de que la República Islámica de Pakistán detonara su primera bomba nuclear, desde esa fecha las colinas Ras Koh en el distrito de Chagai, Baluchistán, de aquel país es uno de los desiertos más contaminados del mundo»

«Este acontecimiento consiguió, de alguna manera, rebajar las siempre tensas relaciones entre ambos países, siempre tan beligerantes, enquistados e irreconciliables enemigos. Desde entonces no se ha producido ningún enfrentamiento armado entre ellos».

En España, continuaban las noticias, el acuerdo fiscal entre el gobierno de la nación y la comunidad de Cataluña significa, según los politólogos, el inicio del proceso de independencia de este territorio del resto del país, lo califican de independencia económica que a la postre derivará en la independencia política.

Ambas noticias le entristecieron pero la vida continuaba, no dejó, como le había sucedido en tiempos no tan lejanos, que el perro negro, la depresión, se apoderara de él.

Mientras Fátima terminaba de acicalarse, cosa que estimaba la llevaría entre una o una y media hora, salió a la terraza, se tumbó en una hamaca y se dejó llevar por sus sentimientos.

En las ocasiones en que esto le sucedía, cuando la nostalgia le invadía, se encerraba en su pequeño pero coqueto despacho y .se pasaba horas y horas, visionando videos de su adorada ciudad.

Aunque llevaba más de 50 años fuera de su ciudad y de su país, aun los amaba profundamente y aunque aparentaba ser una persona dura y descreída, en su fuero interno sabía que no dejaba de ser un sentimental, idealista y soñador irredento, aunque endurecido por la agitada vida que le había tocado vivir.

Por esas extrañas circunstancias de la vida cuando tuvo que prestar el obligatorio servicio militar el sorteo le deparó el tener que hacerlo en la marina.

Después de los tres meses de instrucción le destinaron a un polígono de experiencias de armas y municiones en una dependencia situada entre Cádiz y San Fernando, el polígono González Hontoria.

En una de sus escas salidas a Cádiz, dedicaba todo su tiempo libre a estudiar, conoció a una gaditana simpática, extrovertida y muy guapa. Se enamoró como un becerro, al terminar los dos años de servicio, encontró trabajo en la entonces pujante industria naval de la bahía gaditana, se casó y tuvo dos hijos.

Mucho antes de que la crisis y la competencia de los países emergentes terminara por fagocitar a la industria naval, él ya había cambiado de actividad. Encontró trabajo en Madrid en una prestigiosa empresa de Ingeniería y Construcción, Ello implicaba frecuentes y largas estancias en el extranjero, lo que su gaditana esposa no supo asimilar. Se divorciaron.

Pero el duende , el embrujo de esa singular ciudad y sus gentes le había penetrado hasta la medula, sentía que ese entorno era su hábitat, el recordar las puestas de sol en la playa de la Caleta le ponía los pelos de punta ,hizo suyo ese dicho tan gaditano de que «el gaditano nace allí donde le da la gana».

Se enamoró del ingenio de esas gentes modestas y con escasa formación literaria pero que decía y escribía cosas muy notables y con mucho sentido y muchas de ellas muy brillantes.

Los aires caleteros se le habían impregnado en el alma, la simbiosis fue tan intensa y profunda que cuando decía «mi ciudad» no se refería a otra que no fuese «su» Cádiz.

Por ello cuando el perro negro le visitaba recurría a sus recuerdos para combatirlo.

Combatía al perro negro visionando los videos de las chirigotas más representativas del Carnaval, las chirigotas de más éxito del Love, del Selu, del Sherif y del Yuyu.

Y siempre que visionaba el video de Pastora Vega interpretando una habanera que un afamado y muy bien ponderado autor de comparsas (Antonio Martínez Ares) había compuesto y escrito no podía controlar que la emoción le embargara.

Tumbado en la hamaca, visionó mentalmente el video y la canción.

> He cerrado los ojos, / veo tu playa, / como un manto que cubre / a las murallas.
> La brisa me ha traído / dama de noche / y un vigía velando/ desde una torre.
> Estrellitas dormidas / sobre las barcas. / Un levante travieso / entre las faldas,
> Los besos de las olas / y de las rocas, / las eternas gaviotas / siempre tan locas.
> Las campanas tan serias / y tan cumplías, / que sin ellas no hay tardes / ni buenos días.
> Castillos que se hablan / con luna llena / y una cigüeña libre / sobre La Pepa.
> Chiquillos con churretes,/ Santa María, / palmita del viñero / ella te guía,
> Las bombitas que tiran / los fanfarrones / un poeta que quiere salir de pobre.
> Mi corazón contigo se queda,/ ahí te lo mando / con la marea.
> En cuanto enciendas / tu plata fina,/ ay, amor mío, / iré enseguida.

He cerrado los ojos, / veo al Lorenzo./ Cupulitas azules / con azulejos, / casitas de colores / gracia infinita / vigas con golondrinas / la tía Norica.
Árboles milenarios, / el mar enfrente, / aunque niña es la vieja / del Occidente.
Los bracitos abiertos / de una atalaya, / he cerrado los ojos, /veo tu playa

Interpretada con la garra, la sensibilidad y el duende de Pastora Vega y acompañada por las imágenes de los sitios más emblemáticos de su ciudad, siempre le hacían estremecerse emoción.

Sentía una gran admiración y respeto por la imaginación y el talento de la mayoría de los autores carnavaleros, gente sencilla, del pueblo, sin grandes títulos académicos, pero sagaces e ingeniosos, sin embargo detestaba, le molestaba, que algunos de ellos hicieran gala de una demagogia rancia y barata, cuando solo criticaban a los políticos si eran de «derechas» y callaban ante las tropelías y desmanes de los políticos «progresistas», para él esto no era sino una forma muy sutil de corromper, de alguna manera prostituir la esencia del Carnaval, que debía ser crítico con todo aquel, sin distinción de color o creencia, que no ejerciera su cargo de la forma correcta.

Aunque luego razonaba que la tendencia política de cada cual es inmutable, es como la de los aficionado al fútbol, que son de un equipo hasta que la muerte los separe.

Volvió a su realidad

En la horas bajas, le atormentaba el recuerdo de que sus padres habían muerto pensando que habían perdido a su hijo único, cada tres meses habían estado recibiendo la notificación de un ingreso de 10 000 dólares de una compañía de seguros, como compensación por la muerte de su hijo.

Sus hijos recibieron de la misma compañía de seguros un fideicomiso de un millón de dólares cada uno, con una sola condición, solo podrían retirar una cantidad de 2 000 dólares mensuales para gastos, efectuar el pago de las facturas de la universidad, pago que tenían que acreditar, no quería trampas,, el remanente solo podría ser retirado de la cuenta bancaria previa presentación de un certificado emitido por una universidad demostrando que el beneficiario había terminado satisfactoriamente sus estudios.

Nadie se preocupó nunca de saber si esa compañía de seguros existía realmente.

Le reconfortaba saber que sus hijos habían encajado relativamente bien la noticia de su muerte.

Habían terminado de forma muy satisfactoria sus estudios y se habían graduado en dos prestigiosas universidades americanas, el chico lo había hecho en Económicas y Relaciones Internacional y la chica en Mass Communications.

Ambos habían decidido permanecer en los Estados Unidos, se habían casado y tanto ellos como sus hijos ahora eran ciudadanos norte americanos.

Ambos ocupaban puestos importantes en sendas compañías multinacionales.

Al salir de Pakistán, había contratado a una agencia de detectives para que le informaran periódicamente del devenir de sus seres queridos.

Tenía a buen recaudo, en un disco duro externo que guardaba debajo del piso del bungaló protegido de cualquier incidencia, una amplia colección de fotografías de sus hijos y nietos. Tenía acceso al disco a través de una pequeña trampilla, muy bien disimulada, que había en un rincón del suelo de madera del bungaló,

Para no dejar huellas un «cerebrito» informático le había preparado una red que iniciaba su periplo en Nueva York y hacia escalas en Cleveland, Chicago, Salt Lake City y Los Ángeles y después de un húmedo viaje a través del Océano Pacifico, la información, en forma de email, aterrizaba en Manila y llegaba a las Maldivas, a un ordenador dedicado exprofeso a esta actividad que había sido convenientemente manipulado para que su IP fuera imposible de rastrear. En cada escala la IP de destino era cambiada.

El recorrido de más de 22 000 km era un proceso algo lento pero difícilmente traceable.

Él había seguido, paso a paso, el devenir de sus hijos por la vida. Era feliz de que ellos fueran felices.

Estaba en una especie de ensoñación cuando la mano de Fátima le acarició la cabeza y con voz dulce y delicada le preguntó: ¿Cariño, te encuentras bien?

Se enjugó unas furtivas lágrimas y luchando para controlar sus emociones respondió con una voz que quería sonar normal pero que se notaba dominada por la emoción, solo pudo contestar: ¡Estoy perfecto!

Fátima, que le conocía muy bien, sabía que no era verdad, pero se guardó sus pensamientos.

Se montaron en su coche eléctrico, diseñado especialmente para personas mayores y se dispusieron a disfrutar del placer del golf.

La mujer se afanaba en concentrarse para embocar la bola en el green del cuarto hoyo, el hombre se acercó sigilosamente por detrás, la abrazó e intento levantarla, mientras le susurraba: «Desgraciadamente, los cerezos», ella fingió escandalizarse, mientras sonriendo decía: «¡qué haces viejo loco, cuanto mayor estás más loco te vuelves!», se fundieron en un cariñoso abrazo.

Ella terminó embocando su bola y se fueron a buscar el comienzo del quinto hoyo, caminaban alegremente cogidos de la mano mientras enarbolaban en alto sus palos de golf cantando a voz en grito: «Como el Sol cuando amanece somos libres / como el mar».

www.ingramcontent.com/pod-product-compliance
Lightning Source LLC
LaVergne TN
LVHW061611070526
838199LV00078B/7246